京都てくてく はんなり散歩

伊藤まさこ

文藝春秋

目　次

はじめに

京都駅に降りたつと
目に飛び込んでくるのが
京都タワーと
ずらりと並ぶタクシーの列。
このふたつを見たとたん、毎度、思うんです。

「ああ、京都に来たんだな、私」
ってね。

さあ、これからどこに行こう。
てくてく、はんなり、私の京都散歩。

「あんこ地図」

♪まるたけえびすに、おしおいけ
あねさんろっかく、たこにしき〜

これは京都の人なら誰もが知るという
通りを覚えるための数え歌。
碁盤の目のような京都の町を把握するには
この数え歌を覚えておくといいのかも。
でも！
私の場合は、「あんこ」が目印です。
たとえば、堀川通を北山道よりも上がったところにある、上賀茂神社。
あそこの門前にはあつあつ焼きたての神馬堂のやきもちが。
河原町通と今出川通の交差点、出町柳の駅近くには
ごろごろと豆の入った、ふたばの豆餅と、
ぽてっとした姿が愛らしい大黒屋の鎌餅があるのです。

あんこのことを考えると、とたんににっこり、ほくほく。
と、ともに思い浮かぶのがそのお店のまわりの町並みや神社仏閣。
右の地図は京都に来たらはずせないあんこを配した、
その名も「あんこ地図」。
今日もあんこ地図片手に歩きますよ、京都の町を。

金閣寺や細見美術館など、観賞した後、お抹茶やお菓子（あんこ）がいただける、そんな場所が京都にはいっぱい。中でも俵屋吉富の京菓子資料館では、和菓子の歴史や資料などの展示を見たあと、作り立ての和菓子がお抹茶とともに味わえるんですよ。

「神馬堂」の
やきもち
北山道
「金閣寺」の
金閣
北大路通
「京菓子資料館」
「俵屋吉富」の
雲龍
「大黒屋鎌餅本舗」の
御鎌餅
「粟餅所・澤屋」の
粟餅
今出川通
「本家八ツ橋」の
あん八ツ橋
「出町 ふたば」の
豆餅
「麩嘉」の
麩まんじゅう
「松屋常盤」の
きんとん
丸太町通
円町駅
白川通
御池通
「亀屋良永」の
松露
「月餅家直正」の
わらび餅
東大路通
二条駅
西大路通
千本通
堀川通
烏丸通
河原町通
四条通
「下河原 阿月」の
三笠
五条通
丹波口駅
「今西軒」の
おはぎ
七条通
京都駅

哲学の道界隈

p.180
Map
⑤

京都、出発点。

私の初めての京都の旅は
たしか小学生の終わり頃。
母とふたりの小旅行でした。
観光名所をいろいろまわったにもかかわらず、
なぜか一番記憶に残っているのが
ここ、哲学の道。
町の喧噪から離れ、
ふたりで、のんびり、てくてくと散歩した
思い出の場所です。

京都を代表する有名な散歩道のはずなのに、
ご近所さんが犬の散歩をしていたり、
子どもが落ち葉を拾い集めていたりと
のどかな雰囲気漂うこの小道。
南禅寺、法然院、ユキ・パリスさんの店……
何度か通ううちに
お気に入りの場所も
ひとつ、ふたつと増えてきました。

春は桜が、
夏には蛍が。
そして、もうすぐ紅葉の季節。
何度来ても、いつもと違う景色に出会えるここは、
いうならば私の京都、出発点なのです。

哲学《てつがく》の道《みち》

熊野若王子神社から始まり、銀閣寺までの全長約1.5キロの小道。
今日はいいお天気だし、
端から端まで全部歩いてみようかな。
そんな気にさせてくれたのは色づき始めた葉っぱのせい？
それとも、ゴールで待っているおやつのせい？

紅葉一番乗りのきいろい葉は、桜かな。

道の途中に置かれたベンチで
ほっと一息。
見上げれば秋の空。高いなぁ。

小さな橋がところどころに
かかっています。

琵琶湖から流れてくるという、
水のきれいなことといったら
ないのです。

臨済宗《りんざいしゅう》　大本山《だいほんざん》　南禅寺《なんぜんじ》

日本三大門のひとつであるこの三門は、
歌舞伎「楼門五三桐」で石川五右衛門が
「絶景かな〜、絶景かな〜」と大見得を切る舞台とされたことでも知られています。
この三門の向こうが南禅寺の本堂。
境内には日本を代表する庭の数々が……。

どこからまわろうかと頭を悩ます前にまずは三門にのぼり、
五右衛門さんおすすめ（？）の「絶景」をご覧くださいませ。

スギゴケ、シラガゴケ、ヒノキゴケ……
庭には、何種類もの苔が。

結婚式後に、
記念撮影しているイギリス人カップルに遭遇。
ふたりとも着物がよくお似合い。

三門の上から見はらす風景のなんと素晴らしいことか！
四方それぞれに違った景色が楽しめますが、私のお気に入りは裏手側。
東山が間近です。

「おーい」
下から仰ぎ見る三門もまた
いいものです。

「よいしょ、よいしょ」と言いながら
急な階段をのぼり、上層へ。
背の高い人は頭をぶつけないように
気をつけて。

水《す》路《いろ》閣《かく》

南禅寺の境内を横切る、琵琶湖疏水の水路閣。
記念撮影する人、
スケッチブックを広げる人、
もの思いにふける人……。

古代ローマの水道橋をモデルにしたという
レンガ造りのロマンティックな佇まいは、
訪れる人の心を捉えてやみません。

琵琶湖から山をくぐり抜けた水が
そよそよと流れるここは、水路閣の上。

これより先は立ち入り禁止！
ハート形がかわいい柵。

大小13ある橋脚。
時おり、お坊さんがアーチの間を通り過ぎていきます。
その光景はまるで絵のよう。

日の出うどん

三門のぼって、お寺見て、庭めぐりして……
なんだかお腹すいてきちゃったな。
そう思っていたら、風に乗ってカレーのいい匂いが。
クンクンと、鼻を頼りにたどりついたのが、こちらのうどん屋さん。
肉うどん、くずあんかけなど、いろいろなメニューがありますが、
私の心の中はカレーうどんでいっぱいです。

「カレーうどん」の
「ん」の下に
跳ねよけ用の
紙エプロン。

「いただきまーす」
うーん、おいしいっ！
カレー粉とだし汁。
インドと日本の融合。
この組み合わせを考えた人ってえらい。

カレーうどんを食べて
火照った人専用、
お店の名前入りうちわ。

法《ほう》然《ねん》院《いん》

浄土宗の祖、法然上人が弟子達とともに六時礼讃を勤めた旧跡。
石畳の参道を進んで行くと、ひっそりとした茅葺の山門が現れます。
木々に囲まれ、自然ととけあうかのようなその姿は
見ているだけで心が穏やかに……。
山門をくぐって右側には講堂があり、コンサートや個展なども催されるそうですよ。

葉を置いて、
水の道しるべに。

山門を入った両側にあるのは白い砂を盛った白砂壇(びゃくさだん)。
水を表していて、対になった砂壇の間を通ることで
心身が清められるとか。表面の砂紋は数日おきに変わり、
この時は、波紋ともみじが描かれていました。

苔観察。

ユキ・パリスコレクション

哲学の道から少し入ったところに佇む一軒家。
ここは、キュレーターであり、コーディネーターでもある
ユキ・パリスさんが30余年にわたってコレクションした
ヨーロッパの手仕事が並ぶ私設ミュージアムです。
一歩足を踏み入れたとたんに広がる、ユキさんの世界。
その質の高さに、歓声、ため息、
そしてむくむくとわき起こる探究心。
２階のミュージアムでじっくりと展示を見たら、
１階のショップでお買い物を。
一部屋ごとに趣の違うこの家は、まるで宝箱。
時間が経つのも忘れてしまいそう。

一年の半分をデンマーク、
残りの半分を京都で過ごすというユキさん。
穏やかに、でも芯は強く。
憧れの女性像。

玄関から入ってすぐ右手のリビングには
北欧モダンを中心にしたアンティークが。
庭を眺めながら奥に進むと畳の部屋があり、
江戸時代後期から昭和初期にかけての
手織りの縞や格子の着物、
着物をほどいた生地が
棚に整然と並べられています。

ひとつひとつに物語が隠されているような
織りの手仕事。

行李やガラスの瓶を使った
収納方法は、
整理整頓の参考にもなりそうです。

色のグラデーションが
美しい、
古裂と糸。

階段を上がった2階のミュージアムには、
17世紀から20世紀にかけて作られたサンプラーや
ボビンレース、ニードルレースなどの
手仕事による作品が展示されています。
そのひとつひとつを丁寧に説明するユキさん。
造詣の深さもさることながら、
ものに対する愛情の深さにも感服です。

虫眼鏡で刺繍を観察。

ステッチの勉強のためのサンプラー。
当時は花嫁修業のひとつでもあったそうです。
レースの手袋はイタリアやスウェーデンの1900年代初期のもの。

細かな細工が施されたタイピンや
アンティークのボタン。

引き出しに展示されているのは
1900年代初期のカットワーク。

銀閣寺　㐂《き》み家《や》

つるんとした寒天の後に
お豆の塩味と黒蜜の甘みがほどよくしっとりと。
一口ごとにふたつの食感が
頃合よくやってくる豆かん。
「ああ、もう他には何もいらないっ！」
と思っていたら、
「お雑煮はいかが？」の声が。
なんでも京都の家庭の味、
白みそのお雑煮を出してくださるとのこと。
もっちりとしたお餅と、おだしのきいた白みそが
しみじみおいしい。
心も体もぽかぽかになりました。

豆かんは、あん入り、白玉入り、バニラアイスのせなども。
夏にはかき氷が、
秋と冬には大粒の丹波産大納言の小豆を使った
ぜんざいもいただけます。

椅子に座ってほっと一息。

笑顔がかわいらしい
北村れいこさんと渡邉裕子さんの
ご姉妹。

白みその甘さが、ふんわり。寒い時期のお楽しみです。

さんぽの収穫

ユキさんの店で選んだのは、デンマーク製のふたつのお皿。
大きなお皿は一辺が30センチくらいあり、ずっしりとした重みが。
釉薬のかかり具合がかわいらしい小皿は直径約10センチ。
大きさも質感も違うお皿ですが、テーブルの上で不思議と相性がいいのです。

こちらはロイヤル コペンハーゲンのもの。
果物を盛ってキッチンの片隅に置いたり、
鶏の丸ごとローストを盛ったり。

時にはアクセサリー入れにもしている小皿。
持っているだけでうれしい存在。

鷹峰《たかがみね》

p.181
Map
⑦

しっとり紅葉見物？

お寺でしっとり紅葉見物でも……
などと思っていたら、とんでもない！
京都の町は紅葉目当ての観光客でいっぱい。
なんだあ。
もくろみ、はずれたり。

タクシーの運転手さんに、
そのことを伝えると、
「そりゃあんた、この時期の京都で
のんびり紅葉見たいなんて。
みんなもそう思てるんやから。
京都の町がすくのはなあ、あっつい時か寒い時！」と
諭されました。

なるほどね。
ひとつ勉強になりました。

それでも、と目指したのは鷹峯。
中心部から少し離れただけなのに、
空気はひんやりしているし人も少ない。
向こうの山の木々もいいかんじに色づいて、
どうやら
「しっとり紅葉見物」
期待できそうな気配です。

まずは、光悦寺に行って庭散策を……と
石畳の参道を歩き始めたとたん、目に入ったのがこの光景。
しっとりとした苔の絨毯の上に、
赤く色づいたもみじが、はらはらと。

光悦寺《こうえつじ》

きいろ、だいだい、そして赤。
見上げるとそこには色のグラデーション。

元和元年（1615年）に、徳川家康から鷹峯一帯を寄進され、
親族や工芸職人とともに移り住んだ本阿弥光悦は、
絵画、書道、陶芸、作庭など、あらゆる分野において才能を発揮した芸術家。
ここ鷹峯は、光悦が築いた芸術村だったのです。
この地を代表する光悦寺の庭を散策すると、遠くに花札にも描かれている鷹峯三山が、
茶室・大虚庵の前では有名な光悦垣が見られます。

この光悦垣、
徐々に高さが変化する様子から
臥牛（ねうし）垣とも
呼ばれているのだとか。

源《げん》光《こう》庵《あん》

広間の縁側からは、庭全体が見わたせます。広々としたところから眺める紅葉もまたいいものです。

貞和２年（1346年）に臨済宗大本山・大徳寺の高僧、
徹翁義亨（てっとうぎこう）によって隠居所として建てられたのが
始まりだとか。本堂でお参りをしてから、
広間右手の悟りの窓（丸窓）と迷いの窓（角窓）へ。
ほの暗い室内に、ぽうっと浮かび上がる外の景色に
しばし見とれます。

生老病死・四苦八苦などの
人間の生涯を表す迷いの窓と、
禅・円通の心を表す悟りの窓。

赤、きいろ、まだ色づき始める前の緑……今日は上を見上げてばかり。

松野醤油

源光庵を背に鷹峯街道の緩い坂道を下って行くと
京都で一番古いという醤油の老舗、松野醤油があります。
店の奥には木樽が並び、醤油のいい香りがあたりいったいに
ぷーんと立ちこめます。
先祖代々の製法にのっとって造られる醤油は
松野家秘伝の味なのだとか。

こいくち醤油はかけ醤油として。色がつかないうすくち醤油は煮物に。
木樽の中でじっくりと熟成させて造られるそうです。

麹を自然発酵させて造る
もろみも人気。
ポスターのデザインがかわいい。

万《まん》湯《ゆ》葉《ば》

こちらは湯葉の専門店。
国産の大豆と北山の地下水を使い、
一枚一枚竹串で引き上げて。
すべて手作業です。

ごはんを炊いて、
松野醤油で買った醤油をつけて
生湯葉を……。
ああ、晩ごはんが待ち遠しい。

冷蔵庫にお行儀よく並ぶ生湯葉は自分用。
乾燥湯葉はお土産に。

京つけもの　長八

万湯葉よりも少し山よりの道向こうに
漬けもの屋の長八があります。
ここ、鷹峯は京野菜の産地。
どうりで店に並ぶお漬けものは
どれも新鮮でおいしそう！

御香保（鹿ヶ谷かぼちゃ）、
刻みすぐき、壬生菜……
あれこれお買い物。
店の奥でご主人がせっせと
漬けもの作りをしています。

今日のおやつは今宮神社のあぶり餅！
出かける前からそう決めていたんです。
ちょっと歩くけれど、おいしいもののためならば。
坂道をさらに下り、右や左に曲がっていたら
あれ？　道に迷ったみたい。
困ったな、と思っていたら、きれいなイチョウ並木の道に出ました。
その後、露店で野菜を売るおばあちゃんから
エビ芋も買えたし、よかったよかった。

「ケガの功名」とはまさにこのこと。

鷹峯散策は履き慣れた靴でどうぞ。

一文字屋
元祖
いち和

名物
今宮
あぶり餅
一文字屋

今宮神社＆一文字屋和助《いちもんじやわすけ》 一和《いちわ》

今宮神社で参拝してから、あぶり餅を食べるか。
あぶり餅を食べてから参拝か。
うーん。
やっぱりあぶり餅が先っ！
竹串に刺したお餅にきな粉をつけて炭火であぶり、白みそのたれをかけて……。
おばさんの、てきぱきとした動作が実に見事なんです。

この焦げも
おいしさの秘密。

あっという間に
15本ぺろり。

ここが今宮神社。
正暦5年（994年）、
京都に疫病が流行った時、
それを鎮めるために
疫神社が創建されたのが始まりとか。
あぶり餅はその厄よけの
習わしなのだそうですよ。

さんぽの収穫

今宮神社のほど近くに、はしもと珈琲というコーヒー屋さんがあります。
常連さんがふらりとやってきては
好みのコーヒーを飲みながら、新聞を読んだり、おしゃべりしたり。
地元に根づいたコーヒー屋さん、というかんじです。
このお店には、猪田彰郎さんがブレンドした「アキオスペシャルブレンド」というコーヒーが売られています。
猪田さんは、あのイノダコーヒ三条支店で50年近くお客様のためにコーヒーを淹れ続け、
イノダを退かれた今では、コーヒーの淹れ方教室やイベントを行っている、
いわばコーヒーの伝道師のような方なのです。

アキオスペシャルブレンド。
パッケージのデザインは
原田治さんです。
「このロゴ、大きく拡大しても、
名刺に載せるために縮小しても、
決してバランスが崩れないんですよ」
とニコニコと語ってくれたのは、
猪田さんご本人。
そっくり!!

コーヒー豆を見ただけで
どんな味か
分かるという猪田さん。
「豆とおしゃべりができるんですよ」
ですって。

p.178
Map
④

別名、物欲ストリート

「骨董屋さんを覗いたり、
老舗のお菓子屋さんで買い物したい。
おいしいお茶もいただきたいし、
お昼はオムライスなんかの洋食もいいなあ。
でも人ごみだけはいやなの」

そんなわがままなことを言う
あなた（や私）におすすめなのが、
ここ、寺町通界隈です。
てくてくてく……と歩いていくと、
あります、あります、
右に左に欲しいものが！
食べたいものが！
買って帰りたいものがっ！！
だんだんと
物欲（と食欲）のかたまりになっていく自分が分かります。

京都市役所の西側。
丸太町通から三条通までは
まっすぐ歩くとほんの10分くらいで歩けてしまう距離ですが
その充実度はものすごい。
賑わう河原町通と平行した道にもかかわらず
どことなく
のんびりした雰囲気がある通りでもあります。

大吉

「入ったら、また何か買っちゃうんだろうなあ」と
思いつつ、毎度毎度、やっぱり買い物してしまう、キケンなお店。
入って左手のカウンターでお茶をいただくのもよし、
骨董をひたすら探すのもよし。
寺町通散策には欠かすことのできないお店。
なごめます。

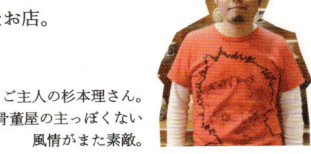

ご主人の杉本理さん。
骨董屋の主っぽくない
風情がまた素敵。

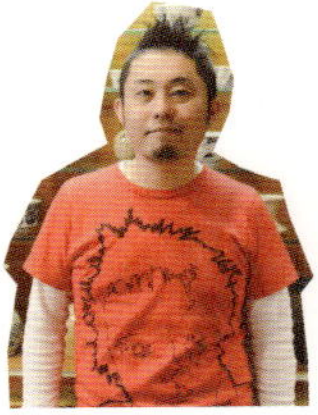

カウンターの向かいには豆皿がずらり。
店の奥には日本のもののみならず
アメリカ、オランダ、イギリス……などなど、
様々な国の器が所狭しと陳列されています。

一保堂茶舗《いっぽどうちゃほ》

寺町通のランドマーク的存在の一保堂茶舗。
今日は一保堂の中にある喫茶室「嘉木（かぼく）」にて、おいしいお茶の淹れ方を教えていただきました。
いただく煎茶は茶房と同じ名前の嘉木。
お湯の温度、蒸らし時間、注ぎ方……、お店の方が丁寧に伝授してくれます。
ふだん何気なく淹れているお茶だけれど、気をつけて淹れると
もっともっとおいしくいただけるのだということに気づかせてくれたのでした。

創業は今から約290年前。
並ぶ木箱や缶などに
老舗の風格が垣間見られます。

「あれと、これもください」
極上ほうじ茶を基本に、いつも
2、3種類のお茶を買います。

① 大さじ山盛り2杯。
「え、こんなに？」と思うくらい
茶葉は、たっぷりと。

② お湯を注ぎ、

③ じっと待つこと1分。
その間、揺すってはいけません。
苦みやにごりが出てしまうそう。

④ 注ぎます。

⑤ まずは1煎目。
まろやかな味わい！

⑥ コツをつかんだところで
2煎目を淹れます。

嘉木の深い香りと味わいに感動。
お菓子と一緒にいただきます。

村上開新堂

懐かしさあふれる店構え。
白いペンキ塗りの扉が目印。

明治37年（1904年）創業の歴史ある洋菓子店。
さくっとした食感と、ほんのりした甘みがおいしい
ロシアケーキは、お土産にももってこい。
創業当時から作っているそうです。

扉の「をす」、
タイル貼りの床。
いちいち素敵なんです。

店頭で買えるロシアケーキは
レーズンやアプリコットなど、数種類。
予約して手に入れる
缶入りクッキーも。
見本ケースも、やはり素敵です。

スマート珈琲店

ここでコーヒーをいただくと
「ああ、京都に来たんだなあ」
という気になるから不思議。
軽く食べたい時は
１階の喫茶室でホットケーキを、
お腹がすいていたら
２階でオムライスや
クリームコロッケを。
自分のお腹と相談しながら、どちらに行くかを決めます。
店名の「スマート」は
「気の利いたサービスを」という思いが
込められているのだとか。
コーヒーのパッケージも
スマートなデザインです。

ホットケーキは
コーヒーとの相性抜群。

お気に入りは
２階の窓際の席。

亀《かめ》屋《や》良《よし》永《なが》

寺町専門店会商店街と御池通が交わる一角に、
足を止めずにはいられないウィンドウの
お店があります。
「シンプルはいつの時代にも合う」
とおっしゃる5代目のご主人、下邑隆さん。
潔くもさりげないしつらいに毎回ため息。

桂離宮の襖の引き手をモチーフにした「月」。
大原の里をテーマにした「大原路」。

美しいものに巡り合いに
今日もここの暖簾をくぐります。

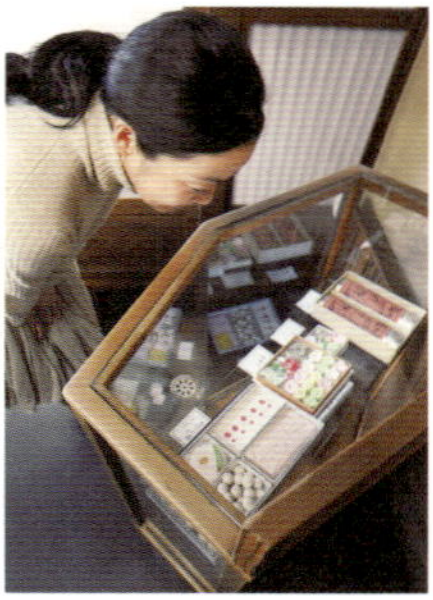

餅米粉で作られる
「御池煎餅」は京都土産の定番。
一度見たら忘れない
棟方志功による印象的な缶です。

椿をかたどった3センチほどの
かわいらしい松露「寒椿」。
「これが大きすぎるとあきまへん。
この大きさやからええんどす」
色合い、形、名前……
お菓子まわりすべてを考える、
アートディレクターのようでもあるご主人。
かっこいいです。

お菓子の見本箱の中に、
もうすぐやってくる新年と春を見た気がしました。

アスタルテ書房

賑わう寺町通から少し入ったマンションの2階に
ひっそり店を構える古本屋さん。
靴を脱いで店内に入ると、そこはめくるめく本の世界。
興奮を抑えつつ、
あっちの棚、こっちの棚、と移動しながら本探し。
そんな私を、ご主人の佐々木一彌さんは
静かに見守っていてくれました。

三島由紀夫、澁澤龍彦……
妖しくも美しい本がたくさんです。

金子國義氏による
手描きの絵皿。

本を選びながら、左から右へ移動。途中、左にまた戻ったり……。

展覧会の図録や古い雑誌なども豊富。
これは金子國義氏が表紙を描いた
1970年代前半の「婦人公論」。

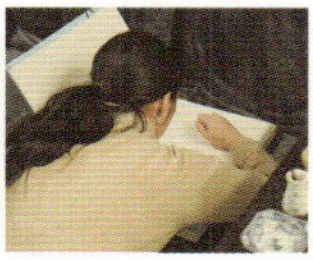

「あっ、私この本持ってる！」
佐々木さんが企画して
作ったという
金子國義氏の
『調理場の子ねずみたち』
のリトグラフ集を発見。

さんぽの収穫

自分へのご褒美、家に帰ってからのお楽しみ、明日のおやつに、お世話になった方への贈り物……。
なんだかんだと言いながら、お買い物してばっかりの寺町通。
歩く距離と買い物の量が比例する通りなのです。
キケン、キケン。

でもね、ここでしか買えないものもあるし、ここでしか味わえないものもあるし……。
分かっちゃいるけど、やめられない！

うさぎが描かれた中国の染付の皿、
ちょうちょの豆皿……、
自分へのお土産は「大吉」で。

「アスタルテ書房」では
装丁に惹かれて、
フランスの物語を英訳した
『THE COACHMAN'S STORY
AND OTHER TALES』を購入。
1927年、ロンドンで
出版されたものだとか。

11月～3月までの期間限定のみかんゼリー、
好事福盧（こうずふくろ）。
包み紙まで、素敵です。「村上開新堂」にて。

この美しい包み方は
寺町通の本店のみだとか。
「一保堂茶舗」で
ほうじ茶を購入。

コーヒー好きのあの人へ。
「スマート珈琲店」の
オリジナルブレンド。

娘の大好物。京都土産というと
必ず思い浮かぶ御池煎餅。
「亀屋良永」にて。

一保堂のお向かいにあるお寿司屋さん、「末廣」。やさしい酢飯がたまらない。

おまけの散歩

その㈠

錦市場でお正月の食材探し……

p.178
Map
④

錦《にしき》市場

暮れも押しせまった12月の最終週、
お正月の食材を探しに錦市場にやってきました。
しめ飾りや、お餅、白みそなどがずらりと並び、なんだか華やいだ雰囲気！
地元の人に混ざって、私も京都のお正月の味を
たくさん買って帰ろうと大張り切りです。
歩く先々で、どんどん商品が売れていってしまうので
「後でまた来よう」などとは思わず、
欲しいものはすぐに買った方がいいみたい。
これ、年末の錦の買い物必勝法です。

鏡餅を物色中。

魚屋さんでは「祝鯛」の貼り紙が。

美しく飾り切りされた野菜いろいろ。
八百屋には、京都ならではの野菜も並びます。

大根、赤かぶ、白菜に日野菜、
冬の野菜の漬けものが並んでいるかと思えば、
向こうの方にはふっくら卵焼きを焼くお店が。
あっちにはお豆もあるし……。
「さすが京都の台所だわ～」と感心することしきり。

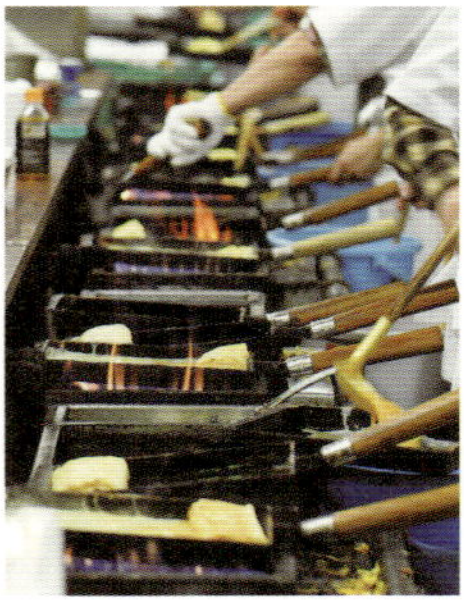

卵屋さんの奥、
おじさん達によって
黙々と焼かれる卵焼き。

京都のお雑煮に
欠かせない白みそ。
次の日に行ったら
売り切れだったのは……
だれだっけ⁉

京野菜いろいろ。
お煮染めにしたり、お雑煮に入れたり。

袋入りみかん。
一番小さい、かわいいのを
鏡餅の上に飾りました。

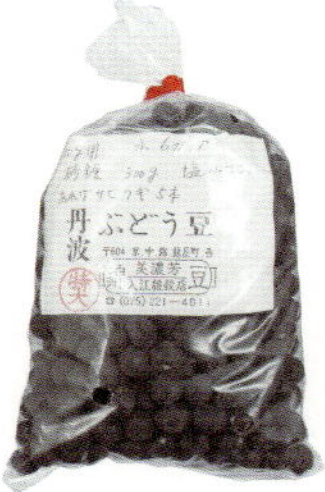

帰ってすぐに、
たっぷりのお水に浸し、
翌日お鍋でコトコトと。

しっとり、あまーい伊達巻き。

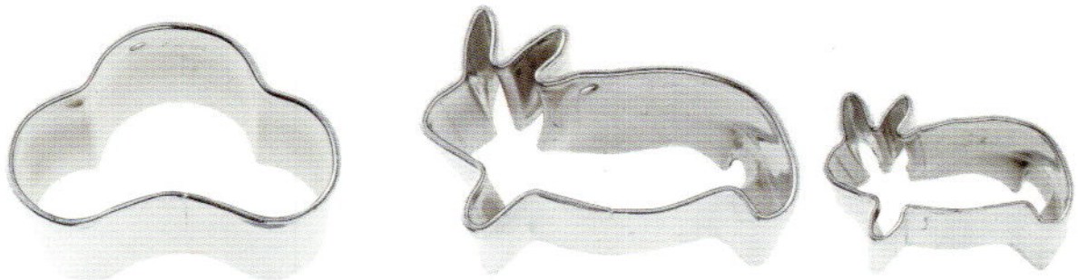

「有次」では抜き型を数種類購入。

つきたてお餅。
ごろごろ入った
お豆がたまらない。

食材は準備万端！　あとは……
そうだっ、新しいお箸を買いに行こう！
錦から少し下がった堺町通にある「市原平兵衛商店」で
すす竹のお箸と盛りつけ箸、そしておたまを購入。
新しい道具を使うと気持ちがぴしりと引き締まります。
これで新年の準備は完璧です。

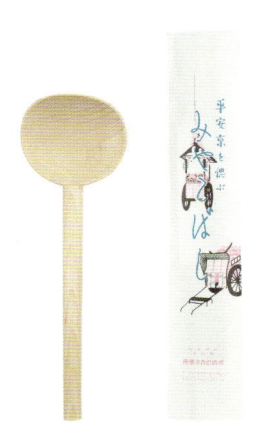

京都を訪れるたびに、立ち寄る
市原平兵衛商店。
すす竹のお箸は一度使ったら
他のは使えません。

おまけの散歩

その㈡ 梅花祭の北野天満宮……

p.181
Map ⑦

毎月25日に開かれる、北野天満宮の市。
「天神さん」と呼ばれ親しまれている、
京都でも有名な市のひとつです。
今日、2月25日は一年に一度の梅花祭。
この日に合わせて京都の旅を計画し、
やってきました……が、
どこもかしこも人だらけ。
この日の予想参拝者数、15万人ですって!?
それを聞いてちょっとひるんだ私ですが、
それでも、と奥へ奥へと進むと
祭典や茶会が開かれて、
なんだか華やかなムードでいっぱい。
梅苑では梅の花がそろそろ見頃。
やっぱり来てよかったな。

境内には約2000本の梅の木が。
寒い中のお花見もまたいいものです。

さあ、骨董探しに出発。
最初に目にしたのは、
菓子箱のふたにのっけられた、
使い込まれた道具の数々。

ハギレや、古い着物、お菓子の型に、器……
お気に入りが見つかるといいんだけど。

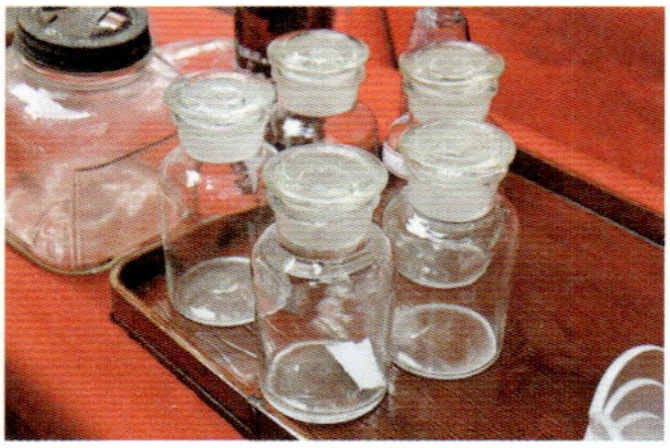

「あっ、これ欲しいっ」
昔の薬瓶、
大小ふたつ買いました。

琺瑯のボウルは
日本の海軍のもの。
色合いがかわいい。

こちらの糸は2個で100円。

ファスナーは3本で100円!?
「やすーい」。ゴソゴソ……。

粟餅所《あわもちどころ》・澤屋《さわや》

北野天満宮の門前、今出川通に店を構える澤屋。
創業は天和2年（1682年）、320年以上も前から粟餅を作り続けているそうです。
ふわっふわの粟餅にきめ細かなこしあんと、香ばしいきな粉。
ああっ、考えただけで、お腹がグーッとなりそう！
今日は一年で一番忙しい日なのだそう。店の前にはすごい人だかりが。
でも、
「おいしいお餅のためならば」
苦手な行列だって、なんのそのです。

シンプルなボタンは、
8個入りで100円。
どうしたらこういう
値段設定になるのか、本当に不思議。
薬瓶にはお砂糖を入れようかな。

ハー。
戦利品をぶら下げて帰ります。
粟餅もおいしかったし、
大満足。

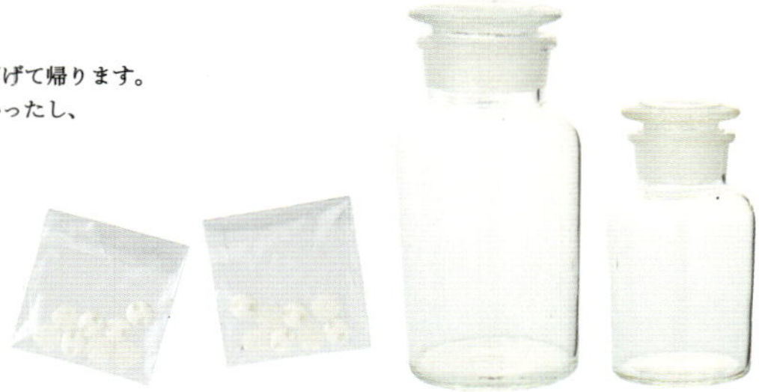

三十三間堂〜五条大橋
…… p.177 Map ③

大人の京都めぐり

修学旅行で初めて訪れた三十三間堂。
バスの中での友だちとのおしゃべりや
夜のトランプ大会にばかり気をとられて、
ゆっくりと拝観なんて、しなかったな。
なんてもったいないことしたんだろう。
そう後悔したのは30代になってからのことです。

お寺でほっこりとした後、
鰻雑炊をしみじみと味わう。
台所道具をえらび、
鴨川を眺めながらのお茶で締めくくる。

懐具合も、胃袋の大きさも、時間の使い方にも
ゆとりができてきたこの頃。

お小遣いをやりくりして家族にお土産を選んだり、
旅の記念にキーホルダーを買ったりした、
中学生だったあの頃。

少し懐かしくもあるけれど……、

ああ、でも、
やっぱり大人になってよかった!!

京都国立博物館

日本・東洋の古美術品や考古資料などの文化財を収集・収蔵している博物館です。
日本の建築界の草分けのひとりである片山東熊が建築を担当。
京都などの近畿圏や東京から、建築技師や大工、レンガ積職人、左官など
様々な工匠が集められ、工事が行われたのだとか。
ここから七条通を挟んでほぼ向かいにあるのが、三十三間堂。
歩いてわずか1分足らずですが、
まったく趣の異なった景色が広がります。

レンガ造りの正門と特別展示館は、
重要文化財にも指定されています。

曇った空を背景に
眺めると、なんだか
ヨーロッパのような雰囲気。

蓮華王院《れんげおういん》　三十三間堂《さんじゅうさんげんどう》

正式名は蓮華王院。
本堂正面の柱間が33あるという建築的な特徴から、
ここを三十三間堂と呼ぶようになったそうです。
建長元年（1249年）に火災によって焼失し、その17年後に再建されたのが、現在の建物。
前後10段の階段状の壇上に並ぶ1000体の
観音立像は、あまりにも有名です。

南北120メートルにのびる
すかっと気持ちのいいお堂の西縁。
1月には、ここで
通し矢が行われます。

千手観音坐像、風神・雷神像など、見ておきたいところがたくさんの三十三間堂。
「建築を見る」とか「お堂のまわりを散策」など、テーマを決めて何度か訪れるのがおすすめです。

観音立像の中には、
会いたいと願う人の顔が必ずあるそう。
いるかな？　会いたい人。

手を清めてから本堂に入ります。
赤い前掛けをつけているのは
夜泣きを治すといわれるお地蔵様。

うぞふすい　わらじや

400年の歴史がある、鰻雑炊の店。
丁寧に火であぶられた鰻のさっぱりとした味わいに
今までの「鰻観」ががらりと変わります。
まずは、鰻の白焼きと麩、九条ねぎ、
春雨のみのシンプルな鍋をいただき、
シメに雑炊を。
鰻の白焼き、だしを吸ってやわらかくなったごはん、
ふんわりとじられた卵が、口の中でとろけます。
食べた後は体がぽかぽかに。

「わらじや」という店名は、
秀吉がわらじを脱いで
一服したことに
由来するそうですよ。

どうですっ？　このくつくつと煮えた
鰻鍋のおいしそうなこと！！
メニューは鰻鍋と鰻雑炊のコースのみです。

まずは
スープをひと口。

あ〜〜

ふーふー

は〜〜〜〜

おすすめの山椒を振って。

鍛金工房《たんきんこうぼう》 WEST《うえすと》 SIDE《さいど》 33

ひとつひとつ職人さんの手で作りあげられる打ち出しの鍋は、
和洋問わずどんな料理も受けとめてくれます。
シチューを煮る時も、ジャムを作る時も、
瓶の煮沸消毒をする時も、すべてここのお鍋！
京都に来るたびに、
ひとつずつ買っては大事に抱えて持って帰っています。

真鍮や銅、アルミなどの
打ち出しの鍋や
台所道具がずらり。
店名は「三十三間堂の西側」の意。
お店の前は三十三間堂の塀です。

今日の買い物は、
ごはんを１合炊くのに
ちょうどよい小さな鍋と、
すくいやすそうなへらふたつ。

河井寛次郎記念館

「土と炎の詩人」として知られた陶芸家、
河井寛次郎の自宅と工房を公開した記念館。
設計から内装、家具、調度品にいたるまで
すべて自身が考案、創り出されたものだそうです。
この家すべてが寛次郎の作品、ともいえます。
入ってすぐに、吹き抜けの板の間を中心とした暮らしの空間が。
その奥に広がるのは登り窯をはじめとする工房。
どんな人でも「おお、よく来たねえ」と
迎え入れていたという温かい人柄が
家のそこかしこから感じられる、居心地のよい空間です。

工房へ続く
廊下の途中の小部屋。
しっとりと落ち着くスペース。

2階の、臼を逆さまにした
どっしりとした丸テーブル。
ここからは、中庭や1階の囲炉裏の部屋も
見下ろすことができます。

中庭を通り、工房へ入って行くと、一番奥に
五条坂の斜面を利用して造られたという登り窯があります。
寛次郎はこの窯の手前から２番目の室を好んで使っていたとか。
ここからどんな作品が生まれていったのでしょう。

「暮しが仕事　仕事が暮し」
寛次郎が残した言葉の意味が、
この場所を訪れて分かったような気がしました。

こちらは、かわいらしい小さな素焼き窯。

庭に並ぶたくさんの釉薬壺。

展示スペースには陶器や真鍮のキセルなどが。
作品は年４回ほど入れ替わるそうです。

色合いが美しい、
試験用の陶片。

efish

鴨川沿いのすかっと抜けた
気持ちのいい場所にあるエフィッシュ。
本を読んで、お茶飲んで、お腹がすいたら何か食べて、雑貨を見て……。
何時間でもいられそうな、なごみの空間。

北欧のアンティークの鍋、南部鉄器、
日本の作家の器、手ぬぐい、
ありとあらゆる雑貨が並びます。

オクラの歯ごたえがいい感じの、
ひよこ豆とオクラのカレー。
魚柄のソファのファブリックは
ミナ ペルホネンのもの。

さんぽの収穫

河井寛次郎記念館で２組の本を買いました。
ひとつは、2004年に松濤美術館などで行われた『表現者 河井寛次郎』という展覧会の図録。
そしてもうひとつは、寛次郎の木の作品が
モノクロの写真で紹介されている『河井寛次郎 木の仕事』と、
バーナード・リーチや、棟方志功らが原稿を寄せた『私のなかの　河井寛次郎』の２冊組のもの。
家に帰ってからも、寛次郎熱はやまりません。

コバルトブルーの布貼り風の
とても美しい図録です。

『木の仕事』の方は、
余計な解説、一切無し。
写真以外には
サイズが記されただけという、
とても深い本。

平安神宮〜高台寺

p.180
Map ⑤

お花見三昧

やってきました桜の京都へ。
平安神宮のしだれ桜、
きれいだろうな、楽しみだな。

あっ、向こうの方に見えてきました。
青空を背景にそびえ立つ大きな鳥居が！
さあ、もう少しで到着だ。
知らず知らずのうちに歩く速度が
速くなっていきます。

今日はとってもいいお天気。
絶好のお花見日和です。
のんびり散歩もいいけれど、
人をかき分け、かき分け進む、
わいわい、がやがやの
お花見もまた楽しいものだなあ。
なんだか気分が盛り上がりますもん。

平安神宮でお花見した後は
さて、どこに行こうか。
知恩院に八坂神社に、ねねの道……。

今日は桜三昧の一日。

琵《び》琶《わ》湖《こ》疏《そ》水《すい》

目に飛び込んできたのは
京都会館横の疏水の桜。
時おり通る屋形船が、
旅の気分を盛り上げてくれます。
岡崎公園と呼ばれるこのあたり、
美術館や図書館など様々な文化施設がありますが、
流れる疏水のせいか、
どことなくほのぼのした雰囲気が漂います。

大鳥居前の慶流橋から見る桜も
また素敵。

入れ替わり立ち替わり、
人が立っては記念撮影していた、
桜の木。

平《へい》安《あん》神《じん》宮《ぐう》

平安遷都1100年を記念して明治28年（1895年）に第50代・桓武天皇を祭神として創建された平安神宮。
明治維新によって首都が東京に遷ったことを憂えた京都の人々が
京都復興への熱意によって創建したそうです。
応天門をくぐり、人の流れに沿うように玉砂利の道を進むと
大極殿の奥に広がるのは見事な八重紅しだれ桜！　満開です。
２週間続くという見頃は、咲き始め、満開、散り際と
それぞれに風情があるそうです。

細見美術館《ほそみびじゅつかん》

大阪の実業家、故・細見良氏にはじまる細見家のコレクションを
収蔵した美術館。そのコレクションは多岐にわたり、
日本美術工芸の分野と時代をほとんど網羅しているのだとか。
2008年は、紫式部『源氏物語』の存在が
記録のうえで確認された年からちょうど1000年。
春季特別展「源氏絵と雅の系譜　－王朝の恋－」と題して
扇面画、屏風、色紙などの展示が行われていました。

展示を見ながら地下２階まで降りていくと、「アートキューブショップ」が。
開化堂の茶筒、リスンのお香、オリジナルの一筆箋などが並ぶ、魅力的なお店です。

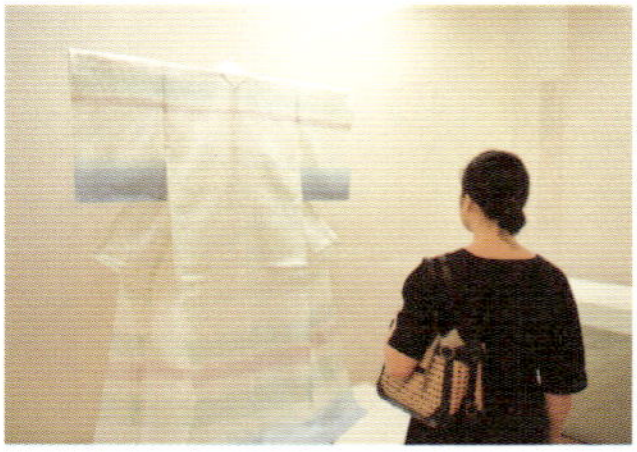

『源氏物語』から想を得たという、志村ふくみさんの紬織「蛍」（滋賀県立近代美術館蔵）など、華のある作品が次々と。

ここがショップの入り口。
お隣には「CAFÉ CUBE」があります。

色合いが素敵な唐長のポストカード。
美術館のオリジナルです。

最上階にあるのは茶室「古香庵」。
お抹茶と一緒に末富の生菓子もいただけます。

リスンのお香は、いつもここで。
今日買ったのは
VISIBLE シリーズの023と028。
はんなりとした香り。

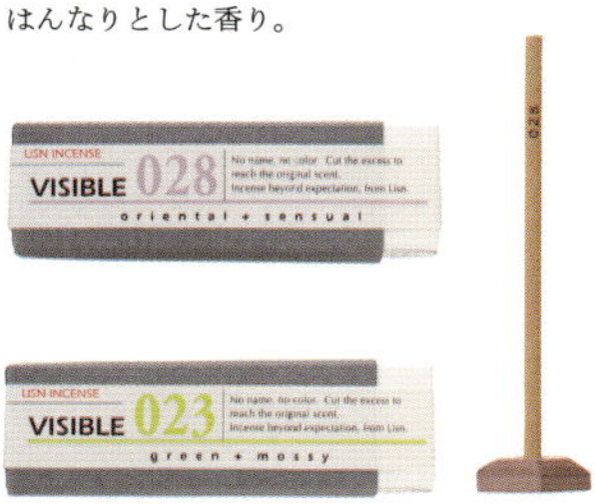

浄土宗《じょうどしゅう》 総本山《そうほんざん》 知恩院《ちおんいん》

細見美術館を出て
ふたたび平安神宮の大鳥居を通ってそのまま下がって行くと、
左に見えてきたのは浄土宗総本山・知恩院。
観光バスからお客さんがぞろぞろと降りては、
目の前にそびえる三門・御影堂へと飲み込まれていきます。
その光景に圧倒される私。
すごいなあ、桜の京都。
すごいなあ、知恩院。
さて、ここ知恩院は浄土宗の開祖・法然上人が承安5年（1175年）に
布教をはじめた場所として知られています。
「南無阿弥陀仏」と唱えればみな平等に救われるという法然上人の教えは、
800年以上の時を経た今日も人々の心のよりどころとなっているのだそうですよ。

三門横の桜の前で。
風が吹くたびに、はらはらと花びらが舞い散ります。

御影堂の裏手にまわると、
さっきまでの人ごみがうそのよう。
階段を上がると法然上人の御廟があります。
ちょっとほっとする、いい場所見つけた。

八《や》坂《さか》神《じん》社《じゃ》

京都の人からは親しみを込め
「祇園さん」と呼ばれている八坂神社。
京都の夏の風物詩としておなじみの祇園祭は
1100年の伝統を持つ八坂神社の祭礼です。
東大路通に面した西楼門から入り、
奥に進むと本殿、
さらにその奥には円山公園があります。

しだれ桜のような粋な結び方のおみくじ。

やよい

京都らしい風情漂う下河原通に店を構える、京佃煮のやよい。
この界隈に来ると必ず立ち寄るお店です。
ちりめん山椒などの佃煮が並ぶ店の奥に、2004年にできたのが「カフェレストランやよい」。
ここでは炊きたてのごはんとともに、10種類ほどの佃煮がいただけます。
ついつい食べすぎがちな旅の胃に、やさしく染み入るお昼ごはんです。

シメは、ちりめん山椒のお茶漬け。
さらさらさら～っと
何杯でもいけそう。

今日買ったのは定番のちりめん山椒と、
しいたけの佃煮。「煮麺にひとつ入れると
ふわーっとしいたけの香りが広がるんですよ」と、
女将の中西澄恵さん。

ねねの道《みち》&石塀小路《いしべこうじ》

高台寺あたりから円山公園まで、南北にのびる石畳のこの道は、
秀吉の妻、北政所・ねねにゆかりの寺、高台寺と圓徳院があることから
「ねねの道」と呼ばれます。
さらに、ねねの小径や石塀小路など、小さいながらも
趣のある路地を散策。

檜？　杉？
壁の素材、チェック中。

この先がねねの道。

小さな小さな鳥居を発見。
かわいいです。

ねねの道には
人がたくさん。

わあ、ここにも桜！
途中で見つけた公園で。

下河原《しもがわら》　阿月《あづき》

娘へのお土産。
こんな大きな三笠もあります。
白と黒、2種のあん入り。

一歩、店に入ったとたん、ぷ～んと立ちこめる甘い香り。
「ああっ、ここまでがんばって歩いてきてよかった～」
三笠（どら焼き）は買って帰ることにして……、
今日は何を食べようかな？
迷いに迷って、白玉ぜんざいをいただきます。
口に含んだとたん、しっかり伝わる小豆の存在感。
そこはかとなく広がるやさしい甘み。
奥で仕込み中のご主人に、
無言で「うんうん」と頷きかける私です。

焼きたて、ほわほわの三笠。
しっとりとした皮に
大粒の小豆のあんが……。

手でよるという大粒の小豆は、丹波産大納言。何度食べても感動の味です。

クリームあんみつの中のアイスクリームも自家製。
「小豆の味をジャマしないようにさっぱりと作ってます」と
ご主人の林 俊雄さん。

祇園 むら田 ごまや

いりごまと、ねり胡麻。
両方常備しておくととても重宝。

煮麺の上にぱらり。
すし飯に混ぜ込んで。
きんぴらごぼうにも、
和え物にも。
我が家の食卓で出番のない日がない、むら田の胡麻。
瓶を開けた時に香ばしい香りが立ち込めます！
そのまま手に取ってパクパクと食べてしまうことも。
とにかく一度試してみて。
下河原 阿月のお隣です。

さんぽの収穫

平安神宮の応天門を入って右側。
背の低い、ちょっと他の桜と違う色合いの……。
なんだろう？　桜？？？
近寄ってみると、なんとそれは、桜みくじ！！
遠くから見えたのは、桜色のおみくじを結んだ木だったのです。

「ひとつ、お願いします」

「満開かなー？　つぼみかなー？」

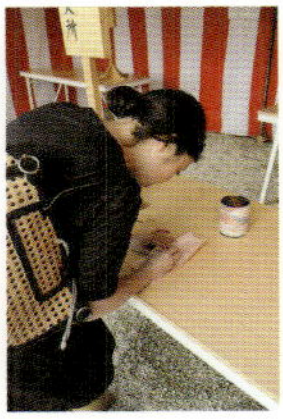
願い事を書いて……
結びます。

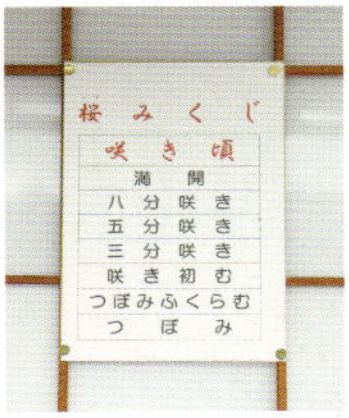

「つぼみふくらむ」とか
「咲き初む」とか。
なんだかかわいい。

おまけの散歩 その㊂ 井上由季子さんのギャラリーへ

……p.176 Map ①

二条城の近くの工場の中にあるビル。
コンクリートの階段をトントンと3階まで上がっていくと、
ギャラリーの入り口に到着です。
さあ、
今日はどんなものが展示されているんだろう？
扉の向こうに広がる世界を想像しながら、ドキドキ……。

「いらっしゃーい」と元気に声をかけてくれたのは
グラフィック工芸家の井上由季子さん。
東京や松本、そして京都と、
お会いするたびに
私に物作りの意欲をムクムクと起こさせてくれる
存在でもある井上さん。
そんな井上さんが、ご主人のseiken工作所さんや
モーネ工房の物作りの仲間とともに2007年の春に開いたのが、
ここ、ギャラリー モーネンスコンピスなのです。

まっ白な壁と広い床。
ある時はおいしそうなお菓子の写真が、
またある時は編みぐるみが、
そしてまたある時にはいろんな形のかたつむりが。
展示によってガラリと変わるディスプレイに、
毎度ワクワクする人も多いのではないでしょうか。

「手仕事の中から生まれる、
一点物のアートでも大量生産でもない、
その中間にある物作りを目指している」
とおっしゃる井上さん。

ここモーネは、そんな井上さんを慕う
作家やお客様で、いっぱいなのです。

「ん？」
これなんだろう？　魚？

広々とした空間に広がるものは……？

ギャラリー　モーネンスコンピス

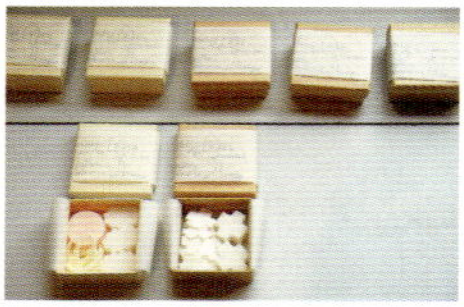

原敬子さんによる、
企画展のための干菓子。
掛け紙はもちろん、
堀井さんの絵です。

本日の展示は「Rikka のガラスと紙箱」展。
堀井和子さんの作品です。

「ガラスを入れる箱、ひとつひとつに
コラージュをしていただけませんか？」
そう、井上さんから声をかけられ、
半年以上も前から
作品作りにとりかかってらしたそうです。
「貼っているうちに、夢中になってしまい、
毎日、毎日、少しずつのコラージュが
とても楽しい時間になりました」と堀井さん。

段ボールに色紙で
鳥やお花が貼られた
小さな作品。

いろいろな大きさの紙箱やボール紙に
コラージュされたポットや車やお花。
微妙な色合いと様々な質感の紙が
醸し出す作品たちが並び、
モーネには
堀井さんの世界が広がっていました。

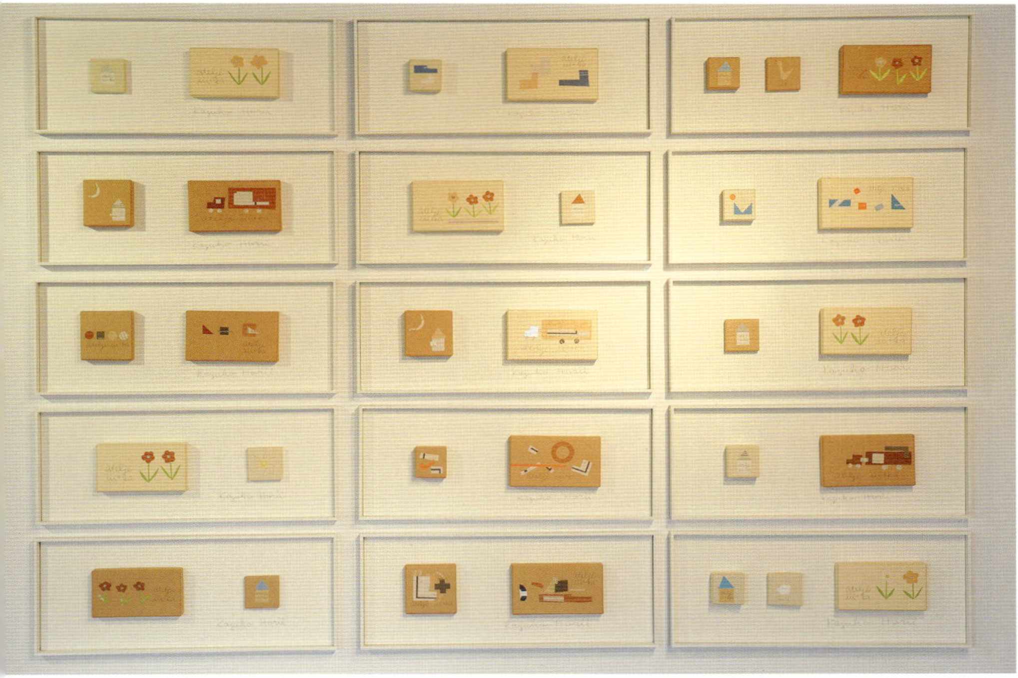

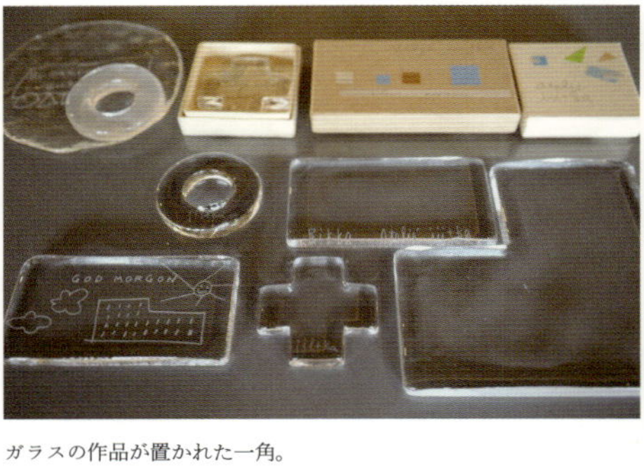

ガラスの作品が置かれた一角。

紙箱いろいろ。
みなさん、迷いに迷って
お気に入りを
手に入れていました。

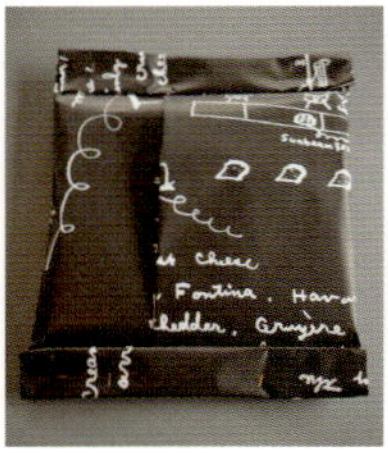

堀井さんがデザインしたラッピングペーパーも素敵です。

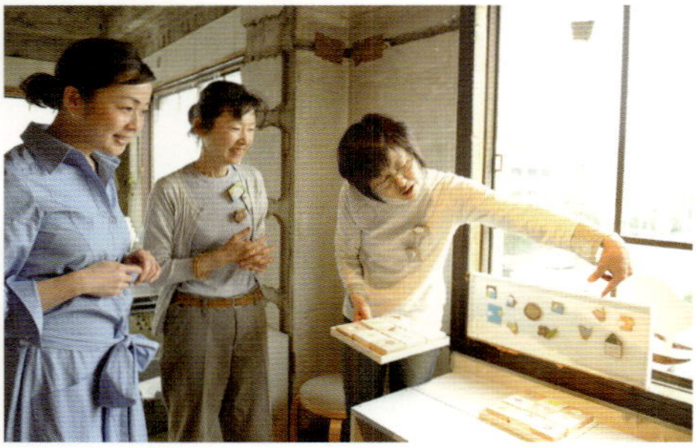

「ねえ、これかわいいでしょう？」
作品について熱く語る井上さんと、
やさしく微笑む堀井さん。

モーネ工房・寺子屋

ちょっぴり緊張？　の
堀井先生。

ギャラリーと同じ敷地内にある物作りの学校、寺子屋。
seiken工作所さんによる器作りの「土はともだちコース」や
井上さんによる「グラフィック工芸コース」など、
物作りのきっかけを作ってくれそうな、楽しそうな場所です。
今日は「子供寺子屋」の日。
堀井さんが子どもたちに、紙コラージュのブローチの作り方を教えます。
最初、おとなしかった子どもたちですが、
紙や雑誌の切り抜きが配られ始めると目がイキイキ。
みんな、黙々と手を動かして自分だけのブローチを作りあげました。

そんな子どもたちの作品を見る堀井さんの目も、とってもイキイキ。
先生も、生徒も、そしてまわりにいるお母さんや私まで
楽しくなる授業なのでした。

子どもたち、
ひとりひとりと
向かい合い、
声をかける堀井さん。

一緒に作ってみたいな～。
ちょっとうらやましそうな私。

「もうそろそろ、おしまいですよー」
と声をかけると、
「もっと作りたーい！」
と子どもたち。

「できたよ!!」。紙のトレーにのせてみんなの作品を並べてみました。かわいいね。

……
p.178
Map
④

ビルの中を上へ、下へ

四条河原町を少し下がった左側に、
昭和のはじめに銀行として建てられたという、
古いビルがあります。
石造りのそのビルの名前は「壽ビルディング」。
賑わう通りに建っているのに、
なぜだか「ひっそりと」という言葉があてはまる、
さりげない佇まいのビルです。

１階には洋服屋さんの「ミナ ペルホネン」が。
５階には「ギャラリーギャラリー」というギャラリーと、
絵本屋さんの「メリーゴーランド」。

木の階段や、高い天井、古い窓枠……。

お店を出入りしたり、
階を移動する時に
目にするのが、
こうした建物の風景。

初めて訪れた人でも、きっと
「あ、なんだか来たことあるような……」と
思ってしまう、そんな懐かしい気持ちに
させてくれるビルなのです。

壽《ことぶき》ビルディング

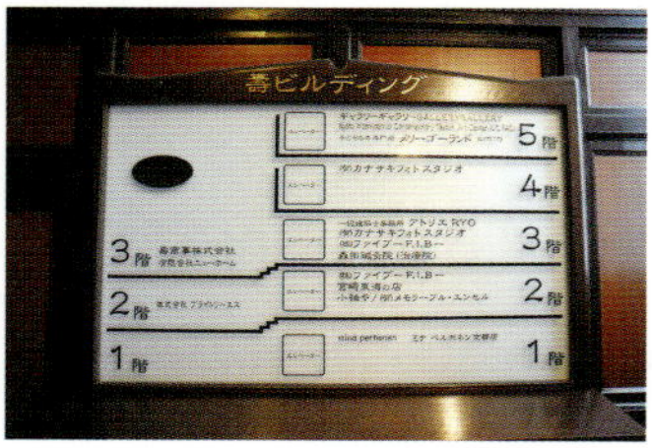

ここが、壽ビル。
入り口に書かれた
「グンィデルビ壽」に、
往時の面影を垣間見ることができます。

入ってすぐ左が「ミナ ペルホネン」。
5階には奥のエレベーターで上がります。
内装はそれぞれのお店によって様々ですが、
どこも、この建物を活かすような独特の空気感と佇まい。
そこに身を置くだけで、
やさしい空気に包み込まれるような気がします。

さあ、まずはどこに行こうか。

服えらび？
ギャラリー見学？
それとも絵本を買いに？

ミナのシンボル、
ちょうちょの扉。

ミナ ペルホネン 京都店

オリジナルの図案から生み出される布、そしてその布からできる、
かわいらしくて、どこか懐かしいミナ ペルホネンの服。
「ずっと大切に着ていきたい」
そんなふうに思わせる、素敵な服が揃っています。
５メートルもの天井高、石造りの床、オリジナルの布で作られたソファや椅子……。
こうしたものに囲まれながらゆったりと服えらび。
「女の子に生まれてよかった」
訪れた人はだれもがきっと、そう思うはず。

ドアを開けると、
アイアンとガラスの
ペンダントランプ。
思わず見上げてしまいます。

「うーん。これもかわいいし、
あっちもいいな」
迷いに迷って、
リネンのワンピースを試着。

こちらは、布のコーナー。
オリジナルの布を手に入れて
自分でお気に入りを作る、
なんていうことも
できるのです。

きいろいソファに、小さな窓……、
かわいい小部屋の、ここは試着室。
一度入ったら出たくない！

店員さんの着こなしや
店内のディスプレイなど
参考にしたいものばかり。

ほのぼの、ちっちゃーい。
見ているだけで顔がほころぶ、
子ども服のコーナー。

GALLERYGALLERY

ペンキで塗られたまっ白な壁と床に
現代の美術作家たちが思い思いに作品を展示しています。
今日の展示は田辺由子さんの
「一枚の布 うつろいて」。
窓枠からこぼれるように入る光が
天井から吊るされた一枚の布をやさしく照らします。
訪れる時間によって光の加減が違ってくるので、
同じ作品でも印象がまったく変わりそう。

京都の町にふわりと浮かぶ雲のようなギャラリーです。

入り口を背に、窓枠をバックに見た、
ふわふわの作品。
一枚の布を裂いて作ったものだそう。

ガラスの入り口の
向こうに広がる
白だけの世界。

隣の部屋のショーケースギャラリー。常時100人の作家の作品が小さなショーケースに展示されています。

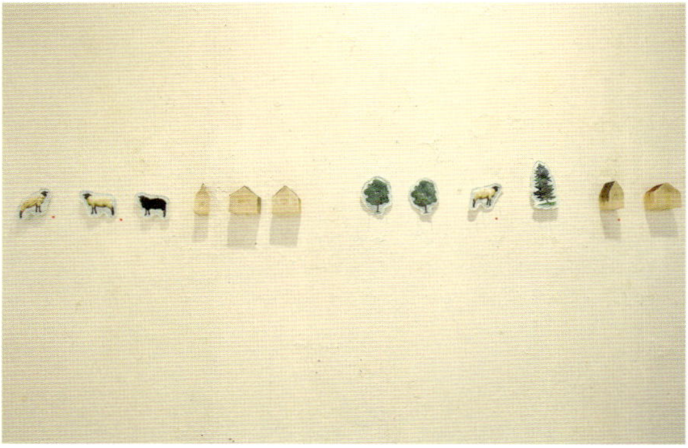

もうひとつの小さな部屋で開かれていたのは、
村山順子さんの「wearable landscape」展。
壁に横並びに展示された、羊、家、木のブローチたち。
家は絣で、羊と木は綿で作ったものをさらにプリントして。

身につけると、
裾の部分に描かれた世界が
ゆらゆらと揺れる、
サーキュラースカート。

子どもの本専門店　メリーゴーランド・京都

こちらは子どもの本の専門店。
小さな椅子に腰かけて、長い時間、絵本をえらぼうとも、
ここにはそれをとがめる人はいません。
「ほんはすてきなともだち。メリーゴーランドのほんはあなたとのであいをまっています」
お店が語りかけてくれる、こんな言葉に耳を傾けながら、
今日はずっとここに居て、素敵な友だちを探したい。
そんな気持ちにさせてくれる、お店です。

若草色に白をほんの少し混ぜたような
色合いの本棚に、
店長の鈴木潤さんの目で
えらばれた本が並んでいます。

欲しい本がたくさん並んでいますが、
迷ったら鈴木さんに相談を。
今日、すすめてくれたのは
『はなを くんくん』(福音館書店)。

動物たちが、
はなをくんくんさせて
向かう先には……!?

余《よ》志《し》屋《や》

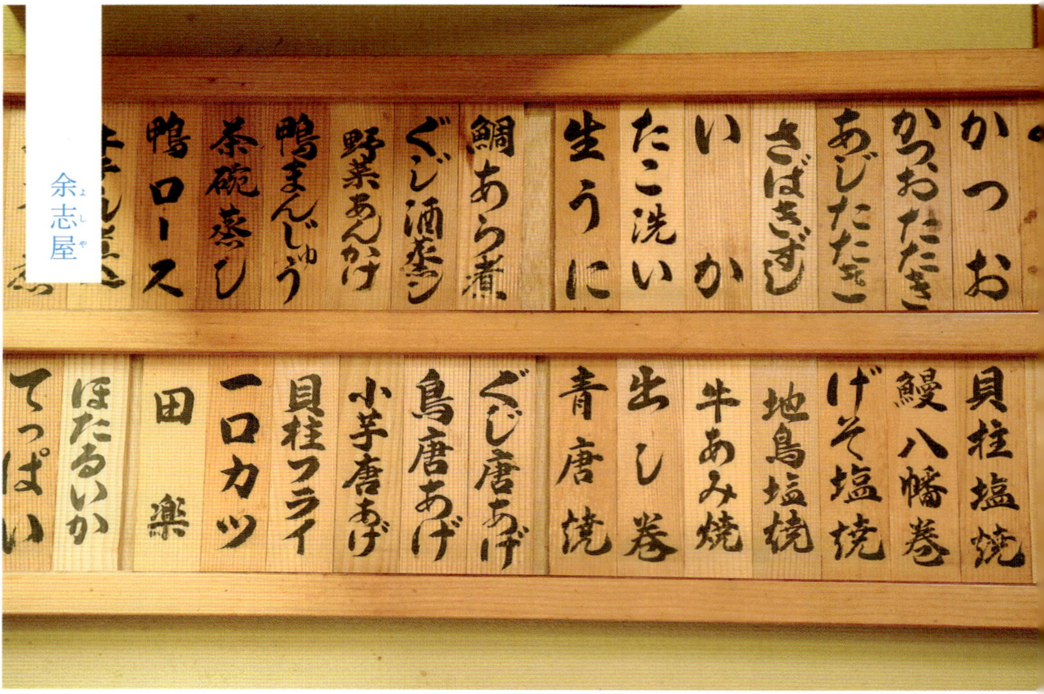

壽ビルを出たとたん、お腹がグーッ。
「ああ、なんだかお腹がすいちゃったな」
慌てて四条通を上がり、
先斗町の路地奥の京料理のお店、余志屋へ。
「いらっしゃ〜い」
お店のご主人が、いつもの笑顔で迎えてくれます。
鴨まんじゅうに、ぐじの酒蒸し……、
日本酒片手に、京都のごちそうをしみじみと味わいます。
あ〜、幸せ。

いかにもおいしそうなものを
作ってくれそうな、この笑顔！

常連さんと一緒に、わいわい。
お客さんと話をしながらも
忙しそうに手を動かすご主人。
惚れ惚れする手さばきなのです。

お腹がいっぱいになったとしても、これを食べずに帰れますかっ。いつものシメの釜飯。

加茂茄子、じゅんさい、たけのこ、
名物の「鴨まんじゅう」に
鱧落とし、ぐじの唐あげ……、
もうお腹いっぱいと思った矢先に
ほわほわといい匂いの「出し巻」まで。
口に入れたとたん、じゅわ〜っと
おだしが広がります。

先斗町《ぽんとちょう》

三条通の一筋南から四条通までの鴨川に沿った通りが、
先斗町と呼ばれる花街です。
500メートルほどの細長い通りの両側に飲食店が立ち並び、
夜ともなれば提灯に灯がともって
ワイワイ、ガヤガヤ、とっても賑やか！
夏には鴨川沿いの店に床が建ち、
いっそう華やぐこの通り。
浴衣を着て、そぞろ歩きたい気分になります。

さんぽの収穫

京都の旅のおともは、いつもこのミナのバッグ！
旅行カバンに必ずひとつ入れて出発します。
ホテルに着いたら、お財布やハンカチをこれに詰め替えて
町へと繰り出します。
本も、ちょっとしたお土産も入る。
肩にかけられるし、両手があくから写真を撮ったり、お財布を取り出す時に便利。

気がついたら、なくてはならない存在になっていたのでした。

使い勝手のいい「panini」シリーズ。
上は「herringbone」、
下は「berry」、
それぞれに名がついた布で作られたバッグ。
なんだか愛着が湧きます。

出町《でまち》ふたば

おまけの散歩

その四 大好きな和菓子を買いに……

p.177 Map ②

「出町柳の、駅の近くの……ほら、行列の……」
タクシーに乗ったとたん、慌てて説明しようとしたら、
「ああ、ふたばさん？　豆餅の」と運転手さん。
そうです。ここ、出町 ふたばは、豆餅目当ての人でいつもいっぱい。
ふっくら、もちもちのお餅とやさしい塩気の赤エンドウ豆。
それらを引き立てるかのような控えめな存在のこしあん。
あ〜。考えただけでたまらない。
いそいそと列の最後尾につく私です。

「ふたば」の文字が入った、
ばんじゅうが重ねられて……。
この中全部、豆餅？

大《だい》黒《こく》屋《や》鎌《かま》餅《もち》本《ほん》舗《ぽ》

見てください。このぽてっと愛らしい姿を！
小豆をつぶして黒砂糖で風味をつけたあんを、ふうわりとしたお餅で包み込む。
一口頬張ると、心の底から思います。
「京都に来てよかったな」とね。
鎌の刃を模したというこの形は、豊作を願い
福を刈り入れることを願って作られたのだとか。

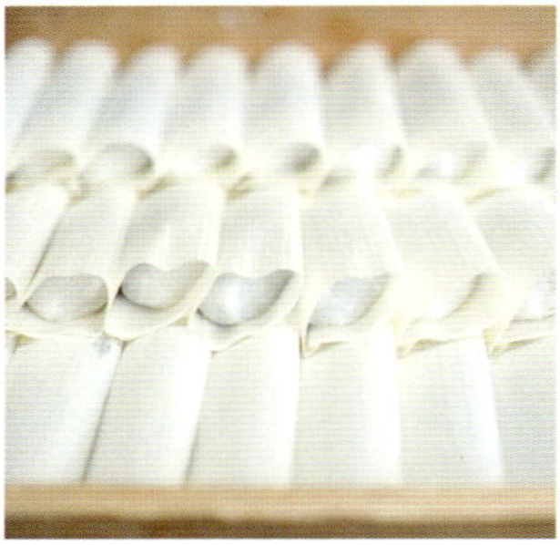

餅粉に砂糖を混ぜているため、
翌日でも柔らかいままなのだそう。

こちらは、懐中しるこ。
器にぱりぱりと割り入れ、
お湯を注いでいただきます。

あの人へ、この人へ。
お土産をたくさん
買い込みます。
このおいしさを
分かち合いたい！

一乗寺《いちじょうじ》

p.177
Map
②

エーデンに乗って

出町柳発、鞍馬行き。
がたん、ごとんと音を立てながら町中を走る、
こぢんまりとかわいらしい
この電車は叡山電車。
京都の人からは、親しみを込めて
「エーデン」と呼ばれているのだとか。

このエーデン、すべてワンマンカー。
電車を降りる時に、
運転手さんに電車賃を払うシステムに
毎度ドキドキしながらも、
窓の外を眺めたり、
隣の学生さんの話に耳をすませたり。

あっという間に、一乗寺駅に到着です。

ここから歩いて2、3分のところに
京都に来ると必ず立ち寄る
お気に入りの本屋さん、恵文社があります。

市内からほんの少し離れただけで、
のんびりした空気が漂う、この界隈。
恵文社で本を探したら、
レンタサイクルでぐるぐる町探検。
頬にあたる風が心地いい新緑の季節の自転車こぎ。
ちょっとくせになりそう。

叡《えい》山《ざん》電《でん》車《しゃ》

窓の外を見るのが楽しくて、時には終点まで乗って行ってしまうことも。
だんだんと山深くなっていく景色を見ていると、
小旅行している気分になります。
オレンジの電車は一番新しいタイプ、2両編成の愛称「きらら」。
大きなガラス窓がついているので、景色を楽しみたいなら、ぜひこちらで。

「さあ、着いたよっ」
足取りも軽やかに、
恵文社へ GO ！

こちらは懐かしさ漂う
1両編成。

恵文社《けいぶんしゃ》 一乗寺店《いちじょうじてん》

デザイン、建築、料理、写真集、絵本……
カテゴリーごとに恵文社独自の目で選ばれた本がずらり。
カバン小さめ、ずっと立っていても疲れない靴を履き、
いざ、本探し。
時間をかけて本をえらんだ後は、雑貨を見たり、ギャラリーを見たり。
ああ、こんな本屋さんが家の近くにあったらな。

立ち止まったり、
ウロウロしたり。
ここは、「書斎のギャラリー」のコーナー。

机の上に見やすくディスプレイ。
古本コーナーもあります。

こちらは、
ギャラリー「アンフェール」。
器展開催中。

お店の右半分の、「生活館」。
衣食住にまつわる
本と雑貨が並びます。

買ったばかりの洋書
『TERRINE』を
店先のベンチでパラパラ。
テリーヌのレシピが
たくさん載っていて、
おいしそう。

つばめ

「子どもからお年寄りまで簡単に覚えられる名前を」
という思いでつけられた店名、つばめ。
恵文社のスタッフもよく食べに来るというこのお店は、
かわいい定食屋さんといった雰囲気。
日替わりの定食は何時に来ても食べられるのだとか。
本に熱中するあまり、「ごはん食べそこなった！」なんて時でも、
つばめに来れば安心です。

気持ちのいい光が入る、こざっぱりとしたオープンキッチン。

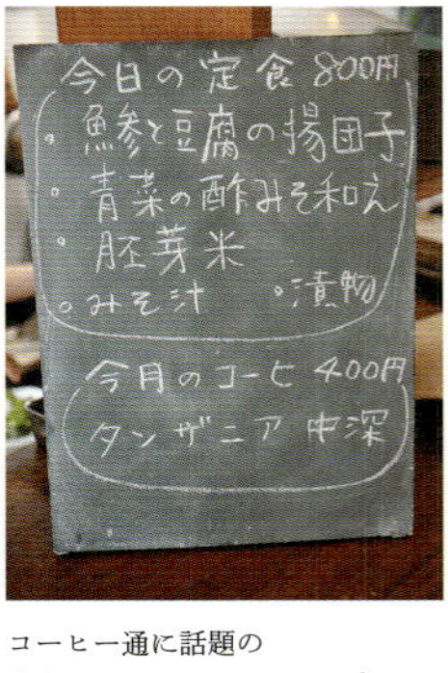

コーヒー通に話題の
オオヤコーヒーのコーヒーも
いただけます。

手ぬぐいや、箸置きなど、つばめモチーフ多し。

今日のメニューは「鯵と豆腐の揚団子」。お母さんが作ってくれるごはんのようなやさしい味がしました。

ハフハフ。
揚げたてをいただきまーす。

明日の朝用にいろいろお買い物。
うーん、どれもおいしそう。

東《こ》風《ち》

つばめの近くに、かわいいパン屋さん発見。
パン作りから販売まで、
女性ひとりで切り盛りしているそうです。
こんな出会いも自転車に乗っていたからこそ。

パンを自転車のかごにのせたら、いざ出発。
商店街を抜け、緩い坂道をのぼって行きます。
「この店、なんだろう」
「こっちの道を通ってみようか？」
ふだんよりちょっと寄り道の回数が多くなるのは自転車のせい？
風をきりつつ、たまに立ちこぎしつつ、目指すは詩仙堂！

双鳩堂《そうきゅうどう》　詩仙堂茶店《しせんどうちゃみせ》

坂の上の茶店、双鳩堂。
鯖街道で有名な大原道沿いの土地で、
三宅八幡宮の狛鳩をモチーフにした
鳩せんべいを焼いたのが始まりとか。
昭和のはじめになって、詩仙堂を訪れる参拝客のために
ここに茶店を開いたのだそうです。
米粉を蒸して作るという鳩もちは、白、ニッキ、抹茶の３色。
もっちりした口当たりが、いいかんじ。

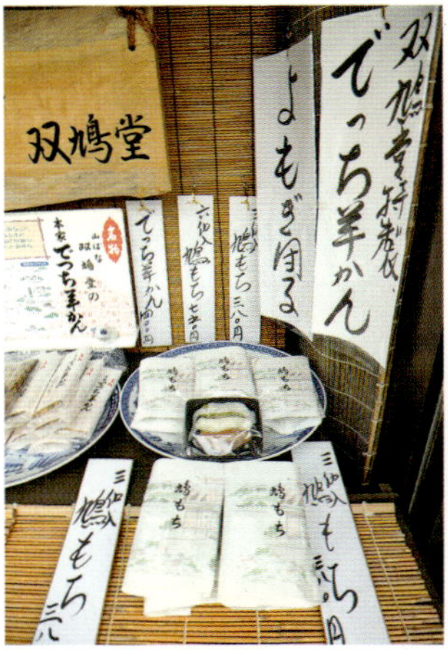

お店は詩仙堂の入り口のすぐ右隣。
「でっち羊かん」「鳩もち」などの貼り紙が目印。

鳩もちの他に、
山椒のきいた
かきもちなどもおいしい。

鳩の暖簾を
くぐって中へ。

詩仙堂《しせんどう》 丈山寺《じょうざんじ》

紅葉の時も、
また梅雨時も、
そして新緑の美しいこの時期も、
いつ来ても美しい庭と出会うことができる詩仙堂。
山の斜面を活かした庭を持つ
建物から見る景色も素敵ですが、
私のおすすめは庭散策。
裏山から引き入れたという滝や池、
自然の渓流などを眺めながら
ぐるりとひとまわりすると、
心が穏やかに……。

帰り際、
受付の方に
いただいたのは、
清楚でいて
不思議な香りの
オガタマというお花。

自転車でちょっと坂道をのぼってきただけで
驚くほどの静けさに包まれる。
心やすらぐ、京都のひと時。

prinz

詩仙堂前の坂道を下り、
自転車をこぐこと約10分。
住宅街の中にあるここ、プリンツは、カフェ、
ギャラリー、本屋さんなどが入った楽しい場所。
5月から6月にかけては、
バラの咲いた庭に出て
お茶を飲むのも気持ちよさそうです。

本の置いてある部屋とは隣同士なのに
雰囲気がまったく違うカフェスペース。

お腹がすいたらお食事もいただけます。
スプマンテと一緒に、ぜひ。

さんぽの収穫

プリンツの中には宿泊できる部屋がふたつあると伺い、ちょっと中を見せていただくことにしました。
私が入ったのは、大きい方の部屋。
入るなり目に入ってきたのは幅3メートルはあろうかという大きなベッド！
次回は、ぜひとも泊まってみたい。

子どもだったら4、5人はごろごろできるだろうなあ、
楽しいだろうなあ……。

小さなキッチンもついています。

小さな遠足 その一 伏見稲荷大社

…… p.176 Map ①

京都駅から電車で２駅目、わずか5分で稲荷駅に到着です。
伏見稲荷大社に向かって、てくてく歩いていると、
ワイワイガヤガヤ、何やら楽しげな雰囲気！
今日は7月土用入後、初の日曜日。
年に一度の本宮祭が行われる日なのだとか。
参道には出店が並び、提灯も飾られて、いつもの伏見稲荷とは違うかんじ。
さあ、お参りしたら、何をしようか。
千本鳥居をくぐる？　稲荷山に登る？　それとも参道で買い食い？
うーん。どれも魅力的！

緑の電車、JR奈良線が来ましたよ。

「ママ〜。着いたらかき氷食べたい！」

伏《ふし》見《み》稲《いな》荷《り》大《たい》社《しゃ》

「左手、右手、その次、お口!」
参拝の前にお清めを。

稲荷山や境内、あちらこちらの
石灯籠と献納提灯に灯がともされる
万灯神事が行われるという今日。
日本画家による数百点もの行灯画も奉納され、
お祭りのムードが高まります。

空を仰ぎ見る、きつね様。
稲荷神社では、狛犬ではなく、
狛狐なんですよ。

さあ、千本鳥居に着きました。
右と左に別れて、出発！　どっちが先に着くでしょう。
しばらくすると、
「112、113、114……」、向こうの鳥居から数を数える声が。
「もしかして、数えてるの～？」と聞くと、
「ああ～、話しかけないで～、忘れちゃう～」
だって！

鳥居の裏側には、
奉納した人の名前が
書かれています。
「すごいね、いっぱいだね」

「お～い」
呼んでも呼んでも返事なし。
「先、行ってるからね～」

白ぎつねの絵馬に祈りを込めて。
「なんて書いたの?」
「内緒だよ!」

美しいデザインの
お守りです。

「あっ! おみくじだ」
おみくじを見つけると必ず引きたがる娘。

「どれどれ?」

裏参道商店街

あまりの暑さに、稲荷山に登るのはあきらめて、
参道で何か冷たいものでも……と思っていると「氷」の文字発見！
青いシロップをかけてもらって
食べながら歩いていると、次は、八ッ橋の店発見。
その後、きつねの顔やおみくじ入りのいなり煎餅を買って大満足。

「見て〜」
きつね煎餅をお面に見立てて、
とってもうれしそう。
どこから食べるか
一瞬迷ってましたが
耳からパクリ。

大きな形の
きつね煎餅。
顔がリアル。

祢《ね》ざめ家《や》

駅に向かって歩いていると風に乗って鰻を焼くいい匂いが。
お昼は京都駅に着いてから、と思っていたけど、うーん、がまんできない。
ここでお昼ごはんにしよう！
生ビールに、鰻の白焼き。お稲荷さんに、きつねうどん。
あ〜、幸せ。

娘は鰻の骨の素揚げをパリパリ。
私はビールをごくごく。

京都の夏は日傘と
帽子が絶対必要！

京都といえば、八ッ橋。
八ッ橋といえば、
「本家八ッ橋」です。

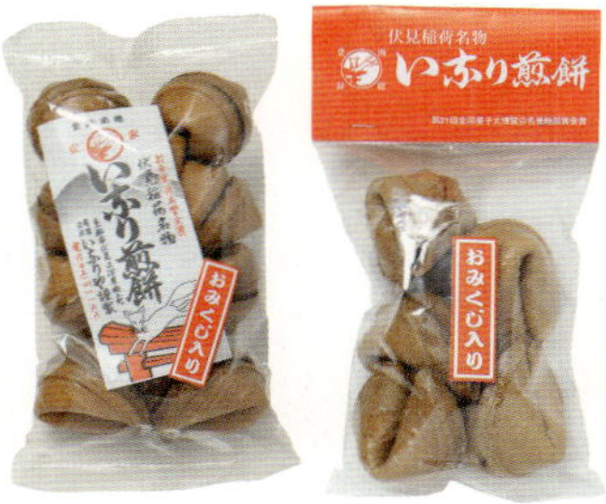

その場で焼いてくれる、
やさしい甘みのいなり煎餅。

ちょっと

より道

鴨川へ

……
p.176
Map
①

夏の夕暮れ。
鴨川に涼みにやってきました。

楽器の練習をする人や、犬の散歩に来ている人、
水遊びをする子どもたち……。

みんなそれぞれ、鴨川での過ごし方があるみたい。
町の中にこんな憩いの場があるのって、
ちょっと羨ましいなあ。

鴨があちらこちらに
いるのです。

あっ、こっちにも鴨！

千鳥の形の石。

御所南《ごしょみなみ》～四条河原町

p.178
Map ④

お着物さんぽ

「猛暑の京都を着物で散歩 !?」
と驚く友だち。
いえいえ、心配はご無用。
沖縄で新調したこの着物、
さらり、ひんやり、いい着心地なんです。

今日は、この前の京都の旅で仕入れた
帯と帯締めをして、町をさっそうと歩きます。

襟足や身八つ口から、時おり風が入っては抜けて、
洋服よりも涼しいくらい。
やっぱり着物で来てよかった。

いつもの足袋屋さんも組紐屋さんも、
着物で訪ねると会話の幅が広がるよう。
町の人もやさしくしてくれるような……
そんな気がしています。

ちょっと得した気分です。

歩き慣れた河原町界隈だけれど、
着物で歩くとなぜだか目につくのは和風のお店。
和装小物屋さん、雑貨屋さん、
商店街の中にこうして日本的なものが
さりげなく馴染んでいる、
京都の町ってやっぱりすごい。

ギャラリー啓《けい》

「これ、見て！　かわいいでしょ？」と、
ギャラリー啓の川﨑啓さんに見せていただいたのは、
格子柄がモダンな印象の、大麻で織られた布のはぎれ。
「もともと、着物やったと思うんですけど……」というその裏を見せていただくと、
ところどころに継ぎ当てがしてあります。
「昔は、『小豆３粒』言うて、小豆が３粒包めるくらいの小さい布でも
大事にとってたらしいんです。
そやから、これもたぶん、そんな布の中から見つけてきて継ぎ当てしたんやないかと……」
布を見ていると、その布に隠された物語を
見ているような気になってくるという啓さん。
ここ、寺町通のギャラリー啓は、
そんな物語を持った布でいっぱいです。

私が今日締めている帯はギャラリー啓のオリジナル。
大麻で織られた格子の名古屋帯です。
70～80年前の着物を丁寧にほどいて洗い張りをし、
美しく仕立て直したものだとか。
お店奥の左側の棚には、こうして新しく生まれ変わった帯や着物が
たくさん並んでいます。
どれも上質なのに、なぜだか改まったかんじがしない、
ふだんの暮らしに、しっくりくる帯や着物が選べます。

シナ、大麻、苧麻（ちょま）、オヒョウなどの草木から織られた「自然布」と呼ばれる古布が並ぶ店内。
はぎれもいろいろ。どう使う？　想像力がかきたてられます。

これは子どもの着物。
男の子の晴れ着用だったのかな？

「見て！　ひとつひとつ、
人の手で績んでるんよね」
どれどれ？　と
拡大鏡で覗きます。

京都アンティークセンター

「ロンドンのアンティークマーケットのようなところが京都にもあったら」
そんな思いから1996年に生まれた、モール形式のお店、京都アンティークセンター。
イギリスのアンティークジュエリーを中心にしている店、
明治の頃からの帯留めなどを豊富に置いている店……
小さな店内には、それぞれの店主たちの個性が表れています。

入ってすぐの
ショーケースの中には
魅力的な指輪が並びます。

珊瑚や象牙などの、様々な形の帯留めが。
櫛やかんざしなど、
和装小物も充実しています。

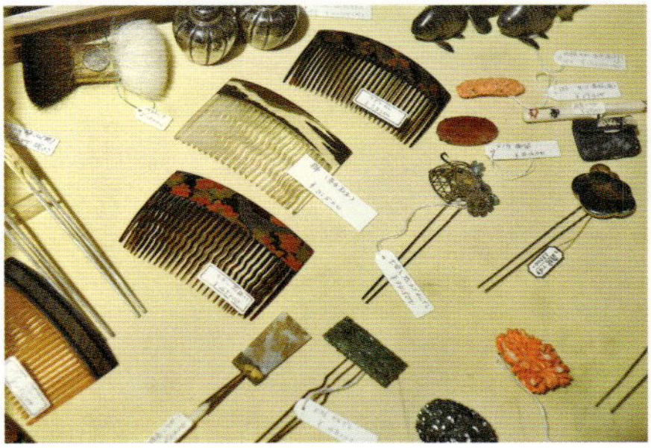

漆器、豆皿、ガラスの瓶……。
蚤の市を覗くような楽しい空間。

全部で16軒の
お店が入っています。

晦《みそか》庵《あん》河《かわ》道《みち》屋《や》

300年の歴史があるというお蕎麦屋さん、晦庵河道屋。
さしみ湯葉などの、つきだしと日本酒で一杯やってからにしん蕎麦で締める、
というのがいつもの私のコースですが
今日はご主人おすすめの冷や麦をいただきます。
この冷や麦、乾麺ではなくお店で打った生麺。歯ごたえがいいのです。
青柚子がのった、目にも涼しい冷や麦の薬味はなんと、からし。
「知らない味」って、まだまだあるのですねえ。

2階の窓際の席からは
中庭を見下ろせます。

お気に入りは
1階奥にある小部屋。
落ち着くスペースです。

ぴりっと山椒がきいた焼き鳥とおろしがのった「みぞれ」と冷や麦。
夏の味覚は冷酒とともに……。

数寄屋造りの店を
抜けて出口へ……。

蕎麦《そば》ほうる　総本家《そうほんけ》　河道屋《かわみちや》

お蕎麦をいただいたら、歩いてすぐの蕎麦ほうる 総本家 河道屋へ。
原料は小麦粉、卵、砂糖、重曹、そして蕎麦粉のみ、という
シンプルなお菓子、蕎麦ほうる。
愛らしいお花の形をしています。
子どもにも大人にも喜ばれる、素朴で上品な味わいです。

外灯の下にも
蕎麦ほうると同じ形の
透かし模様を発見。
お花の形だけでなく、
芯の部分の
つぼみまである！

遊《ゆう》形《けい》サロン・ド・テ

京都を代表する旅館、俵屋がプロデュースしたサロン・ド・テです。
落ち着いた光が入り込む店内で、
お茶とお菓子をいただくひとときの、なんと幸せなことでしょう。
坪庭や北欧の家具、器などが
古い町家を改装した店内にしっくりとけあい、
くつろぎの空間が広がります。

入るとすぐ目に飛び込んでくるのが、この吹き抜け。
その奥がソファの席。

坪庭を前にソファでゆったり。

俵屋で出される、名物のわらび餅。
旅館の「おもてなしの心」が堪能できます。

店を出て２軒左隣には
俵屋で使われている
寝具などを扱うショップ、
ギャラリー遊形もあります。
今日は、素敵なお茶碗を
見つけました。

分《ぶん》銅《どう》屋《や》足袋《たび》

三条通堺町にある足袋屋さん、分銅屋。
歴史ある店構えは、ここ三条通の中でもひときわ目立つ存在です。
「白足袋が欲しいのですが……」と奥にいるご主人に声をかけると、
小上がりに上がって椅子に座って、とすすめられ……。
ご主人に言われるがままに、足袋を試着。
しばしの無言の後、
「21.5の極細や。珍しいくらいの小さい足やなあ」ですって。
次に来た時には「21.5の極細ください」と伝えるだけで
木の棚からささっと取り出してくれるはず。
寡黙だけれど、実はとても親切なご主人。
足袋について分からないことがあったら、なんでも相談してみてください。

「はい、足を入れて」
きゅきゅっと
上に引っ張って。

「はい、
足を前の方に持ってきて」
ささっと小鉤（こはぜ）を
かけてくれます。

狂言の役者さんが履くという
色足袋。粋な色合い。

「分銅屋」の名前入りの小鉤。
修理もしていただけます。

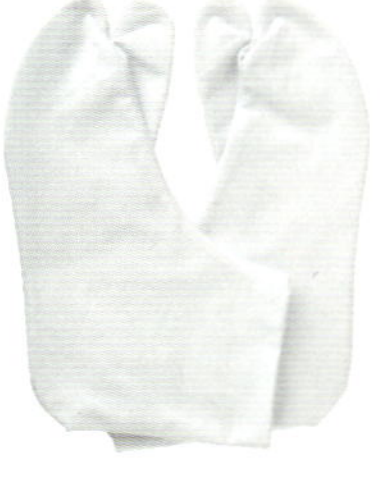

伊藤組《くみ》紐《ひも》店《てん》

前に頼んでおいた帯締めが仕上がったという知らせが入り、
今日は受け取りにやってきました。
色も組み方も、お店の方と相談しながら決めた私だけのオリジナル。
うれしいなあ。
帯締めの代わりにもなる真田紐は、約40種。
その場で切り売りもしていただけますが、
微妙な色合いがたくさん揃っているので迷うこと間違いなし。
合わせたい着物や帯を持っていくことをおすすめします。

ひと口に「紐」と言っても、その用途や形式は様々。
美しく工芸的な紐の魅力が店内のそこかしこに。

これができあがった帯締め！
全体をきりりと
引き締めてくれるような深いグレーです。

嵩《すう》山《ざん》堂《どう》はし本《もと》 本店

ご祝儀袋にポチ袋、文乃香にレターセット……
ありとあらゆる和の文具が揃います。
夏には千鳥や朝顔が、
秋には十五夜にちなんだうさぎが。
この店を訪れるだけで、
季節の移ろいを感じとることができます。

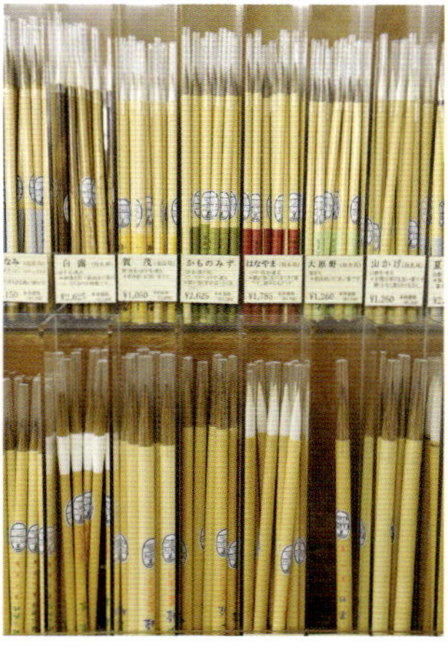

手に持っているのは朝顔のレターセット。
手紙を書くことが少なくなってきた
最近ですが、いただくと
やっぱりうれしいものです。

さんぽの収穫

暑いです。
本当に、暑いんです、夏の京都。
でも。
祇園祭や五山の送り火、
鴨川を眺めながら川床で過ごす夕暮れ、
若あゆ、寒天寄せなどの夏の京菓子に、かき氷。

夏にしか会えない京都もたくさんあるんです。

今回の旅で
何度かいただく機会があったのが、
冷水で点てたお抹茶。
ツンと冷たいお抹茶をいただくと
体も心もすっきりしました。

そんな夏の思い出を家でも味わいたくて
「柳桜園茶舗」でお抹茶を買って帰ります。

「ふだんより、時間を長めに点てること」
注意するのは、たったのそれだけ。
夏に覚えた京都の味。
早く帰って試してみたい。

上《かみ》賀《が》茂《も》神《じん》社《じゃ》

小さな遠足

その二

上賀茂神社

……p.181 Map ⑦

すかーっと晴れた夏の日に、
上賀茂神社にやってきました。
一ノ鳥居をくぐり、
まっ白な玉砂利の道を歩いていくと
奥の方に二ノ鳥居が見えてきました。
「ママ、神馬（しんめ）ちゃん、どこにいるんだろうね？
今日はいないのかな？」
ちょっと心配そうな娘。
そうです。今日は白馬の神馬に会いに来たのです。
「あれ？　あの小さいおうちが神馬舎じゃない?」
「ん？　あっ！　いたよっ！　やったー！!」
ふたりで大喜び。

供物の人参を捧げていると、「あっ、神馬だ！」、後から、後から
子どもたちがやってきます。みんなニコニコと、うれしそうなこと！
来てよかったね。

丸めたおみくじを口でハムッと、くわえた木のお馬たち。
んー、どれにしよう？

大吉！

新年の７日には七草粥を供え、
神馬を曳いて御祭神に見ていただく
「白馬節会（あおうまのせちえ）」という神事が行われるそう。
神馬ちゃんはその日、錦の馬着で正装するのだとか!!
かわいいだろうなあ。

子どもたちにやさしいおばさんも、大人気でした。

「神馬ちゃーん」

小さい子は、
ちょっとおそる、おそる……。

拝観が終わった後、宮司さんと記念撮影。

続いて、本殿を参拝します。楼門をくぐり、
小忌衣（おみごろも）をつけて、お祓いを受けた後、本殿へ……。
さっき、あんなにはしゃいでいたのに、神妙な表情になる娘。
たまには、こういう体験もいいものです。
上賀茂神社は、世界遺産にも登録されている
京都で最も古い神社のひとつですが、
広い境内の中を小川が流れていたり、神馬ちゃんに会えたり……と
子どもと一緒でも楽しく過ごせる場所なのだなあと
しみじみ。懐の深い神社です。

家内安全、
商売繁盛（？）を祈って。

冷たーい！　気持ちいい！

神《じん》馬《ば》堂《どう》

参拝したら、ちょっとお腹すいちゃったね。おやつにしようか？
「さんせい！」

上賀茂神社でおやつ、といってすぐに浮かぶのは神馬堂のやきもち。
もしかしたら売り切れちゃってるかも。
ヒヤヒヤしながら、お店に向かいます。
「こんにちは〜」と入っていくと、あった。ありましたよ。
よかった、ほっとひと安心。
焼きたてのお餅を買い、足を小川につけながらのおやつタイム。楽しいね。

できたて、ほかほかのやきもち。
包み紙は、もちろん神馬ちゃんです。

「おいしいねえ」「うん」
「気持ちいいね」「うん」

「風そよぐならの小川の夕暮れは　みそぎぞ夏のしるしなりける」
小倉百人一首でも詠まれたという、境内の中を流れる御手洗川。
もみじの葉がちょうどいい木陰を作ってくれて、家族連れの憩いの場になっていました。
娘も地元のちびっ子たちに混ざって水遊び。
「水着、持ってくればよかったね」と言ったら、
「やだよ～。恥ずかしい！」だって。
だんだんお姉さんになってきたんだね。

上賀茂神社で買った
航空安全のお守り。
きれいな水色は空の色？

三条通

p.178
Map
④

右に左にウロウロ、三条通

明治のレンガ建築が立ち並ぶ三条通。
その昔はビジネス街だったそう。
旧京都中央郵便局、京都文化博物館別館など、
今でもその面影漂う建築がそこかしこに
見られます。

２本上がった御池通の交通量とはうってかわって、
車がすれ違うのもやっと、というくらいの
とても細い通りではありますが、
昔ながらのお店に加え
小さくも個性的なお店が年々増え、
見逃せない通りになってきました。

今日は、そんな三条通界隈を右へ左へウロウロ散歩。

「まずは、手作りの材料探すでしょ、
それからイノダでコーヒー飲んでイタリアン食べて。
はさみも新しいのが欲しいし。
それからそれから……」

行きたい店がありすぎて、
なかなかまっすぐ進めない!!

Bonne《ぼんぬ》 Tarte《たると》! ミディ・アプレミディ

2007年にできたばかりのタルト専門店。
毎日10種類以上のタルトやフィユテ、
曜日ごとに替わるというクッキーが並ぶショーケースは、
見ているだけで、どきどき、わくわく。
「『タルト』は大人のおやつ…
焼きたてをたのしみながら気軽に頬張ってください」
という店主、津田陽子さんのお言葉にしたがって
片手でぱくりと、杏のタルトをいただきました。
幸せ。

こちら、「おばあちゃまのタルト」。

10種類のタルトの詰め合わせ。
こんな贈り物をされたら、
ものすごくうれしいな。

AVRIL 三条店

大正のはじめに建てられたサクラビル。
もとは銀行だったという、そのビルの2階にあるのが、糸屋さん、アヴリルです。
約300種類ある毛糸や糸は、ほとんどがお店のオリジナル。
壁一面にディスプレイされた糸の種類の多さに圧倒されますが、
注目すべきはその色合い。
プラム色や、オリーブグリーンなど、
ありそうで、なかなか見つからない微妙な色合いの糸が並んでいます。

ところどころ、
太さの違う毛糸。
シンプルな編み方で編んでも、
ニュアンスある作品に
仕上がります。

生成り色の毛糸だけでも、
こんなにたくさんの種類が。
かわいいバッグは
２種類の毛糸を
合わせて作ったとか。
見ていると、
手作り心が高まります。

基礎と作り方を
簡単にまとめた本もあります。

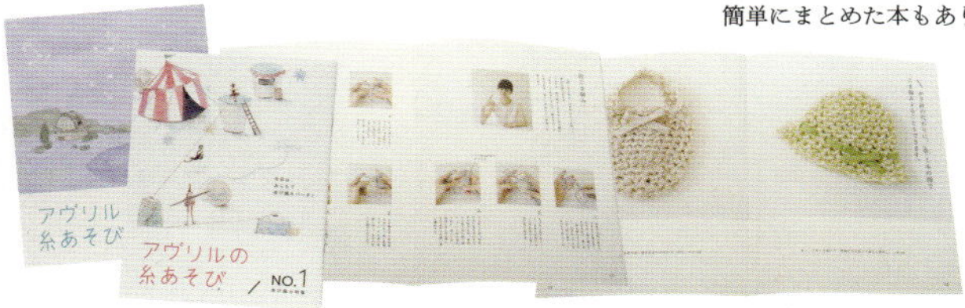

idola 本店

アヴリルと同じビルの３階にあるのが、イドラ。
ヨーロッパを中心に集められた、
ビーズやボタンが並びます。
「できることなら一日中ここにいたい！」
手作り好きなら、
必ずやそんな気持ちになるはずです。
お店は同フロアにふたつ。
階段を上がった左側は、
アンティークのボタンやビーズが棚いっぱいに、
右側には主に
現代もののビーズやパーツなどが揃っています。

「分からないことがあったら、
なんでも尋ねてください」
たのもしい言葉をかけてくれた、
店長の新道尚美さん。

娘へのお土産、
うさぎのボタンと
花の形の貝ボタン。

バンビや花など、
チャームもたくさん。
パーツをえらんで、
手作りネックレスに挑戦。
説明書もいただきました。

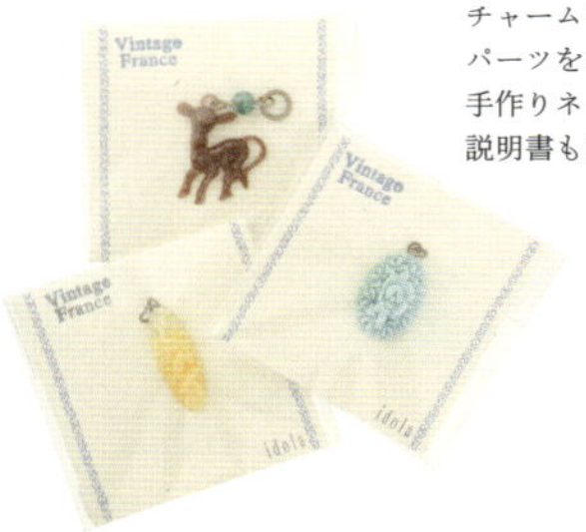

「あっ、これいい」
「あっ、こっちも、かわいい！」
キョロキョロしながら、お買い物。

こちらは、
手持ちのネックレスの
ペンダントトップに。

ディスプレイが
とても、見やすいんです。

イノダコーヒ 本店

1940年創業。
言わずと知れた京都の老舗コーヒー店です。
入り口左のこのコーナーがイノダ発祥の地。
使い込まれたコーヒーミルや、
レトロな雰囲気の冷蔵庫などは
創業当時から使われていたものだとか。

好物、
イタリアン
（ナポリタンのこと）と
ビーフカツサンド。
ハンバーグサンドも
美味です。

店名入りの赤いスツール。

お気に入りは中庭に面した本店旧館の窓際のテーブル。
赤いギンガムチェックのテーブルクロスが
かわいいのです。
夏の時期、庭のテーブルクロスは
水色のギンガムチェックに！
庭を眺めながらのコーヒータイム、
とってもなごめます。

鳥かごが並ぶ通路の先が中庭になります。

今日のコーヒーは「アラビアの真珠」。
創業時からある、オリジナルのブレンドです。

友だちへのお土産は、
コーヒーの詰め合わせと
ロゴ入り角砂糖。
自分用にはコーヒーフィルターを。

大極殿《だいごくでん》 六角店《ろっかくてん》 甘味処《かんみどころ》 栖園《せいえん》

築140年の町家を改装したという、大きな暖簾が目印の大極殿 六角店。
明治18年（1885年）創業の和菓子屋さんです。
今日は、その大極殿が営む甘味処「栖園」の名物、
「琥珀流し」を目当てにやってきました。
その名も麗しい琥珀流しは、つるりとした寒天に蜜をかけたもの。
6月は梅酒蜜、7月はペパーミント、8月は冷やし飴……と
4月から12月まで、月ごとに替わるメニューから目が離せません。
坪庭を眺めながら、しっとりとしたひと時をどうぞ。

私のお土産の定番、
「お千代宝（おちょぼ）」と
夏限定の「若あゆ」。
カステラもおいしいですよ。

口に入れたとたん、すーっと溶けていく自家製梅シロップがかかったかき氷。

右はサイダーがついたペパーミントの琥珀流し。
こちらは7月のメニュー。
左は9月のぶどう。
ぷるりとしたぶどうのゼリーと、つるんとした寒天。
ふたつの味が口の中に広がります。
ちなみに、10月は栗、11月は柿、12月が黒蜜で、
5月が抹茶蜜となるそうです。

夏にはこんな涼しげな
朝顔の暖簾が
かかります。

菊《きく》一《いち》文字《もんじ》 本店

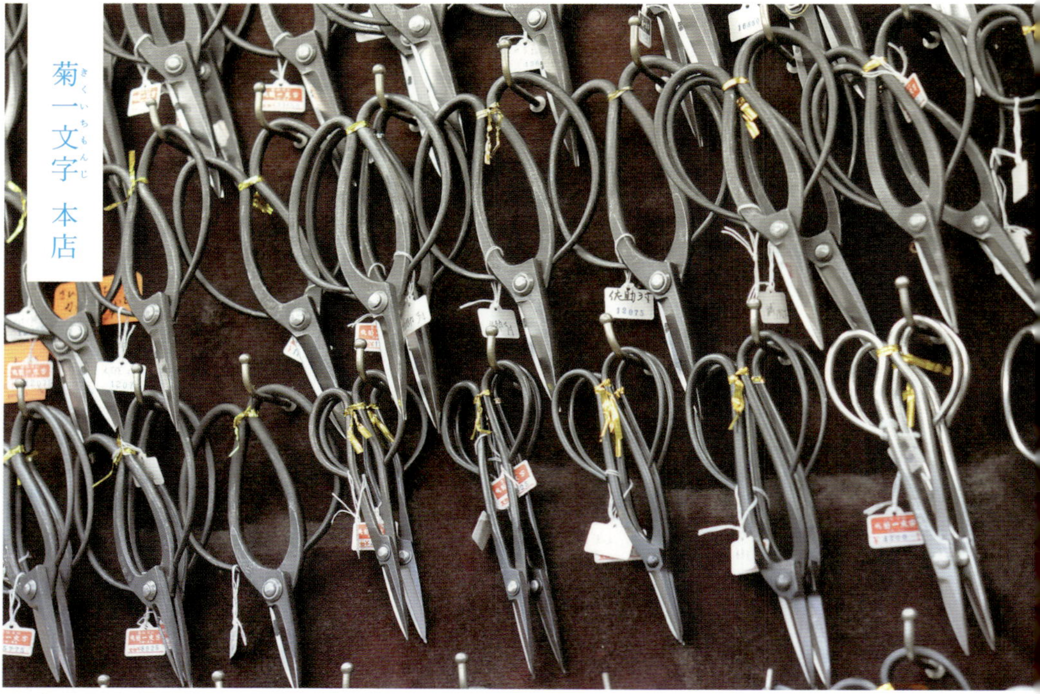

包丁、剪定ばさみ、爪切り……切るものならなんでも揃う、
ここは刃物専門店、菊一文字。
私の裁縫箱の中にいつも入っているのが、ここの糸切りばさみです。
スカートの裾上げの仕上げに、チョキリ、
ボタンつけの終わりに、チョキリ。
道具がいいと縫い物が楽しくなるんです。

はぎれで試し切り。
切れ味抜群。

刃の部分に
「菊一文字」の
彫り文字が。

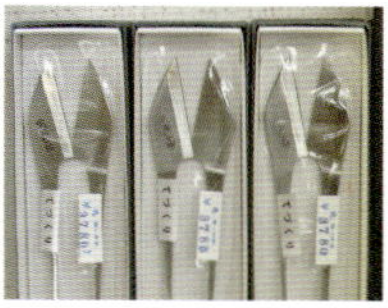

こちらは、
京都ならではの
蕪ばさみ。
ふっくりした
シルエットが
かわいい。

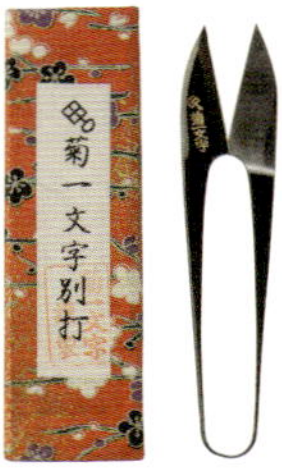

手作り好きの
友だちへのお土産。
喜んでくれるはず！

内藤商店

健康タワシ（!）や良質のシュロで作られたほうき、馬の毛のボディブラシ……。
きれいにするものならなんでも揃う、ほうきやタワシの専門店、内藤商店。
私と、ここのタワシとのおつきあいは、もう10年くらい。
台所の水回りには欠かせない存在になっています。
ゴシゴシと鍋を洗ったり、
シャカシャカと瓶の中を洗ったり。
道具がいいと掃除も楽しくなるんです。

微妙に大きさの違う
刷毛の使い方を教えてくださる
内藤幸子さん。

鍋用のブラシと、
瓶用のブラシ。
店に並ぶ商品は、どれも
耐久性に優れた
良質なものばかり。

月《つき》餅《もち》家《や》直《なお》正《まさ》

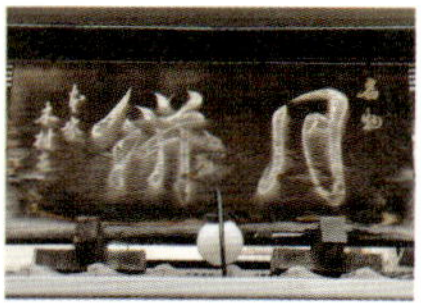

高瀬川のほとりに店を構え200年以上という老舗、月餅家直正。
150年も前から作られているという
白あん入りの焼き菓子「月餅」は
香ばしいケシの実が味の引き締め役。
4、5日日持ちがするというので、明日のおやつ用に……。
入って左のガラスケースの中には、
6月30日にいただく習わしがあるという「みな月」が
氷の上にお行儀よく並んでいます。
これも明日のおやつ用に購入。食べすぎ？

ふわっふわのわらび餅は
午前中にほぼ売り切れてしまう、人気の商品。

青地に白い波紋、茶色い千鳥が描かれた包装紙は、
ご主人のデザインによるもの。
すばやく包んでくださる手さばき、さすがです。

さんぽの収穫

イノダコーヒ 三条支店の右隣り。
通りかかるたびに、なぜだかとっても気になる存在だった、
「サイエンスドリーム」という看板。
試験管やビーカー、秤など、
「計るものならなんでも」売っているお店です。
今日はここで、まっ白なビーカーを購入しました。
さあ、何を入れようかな。

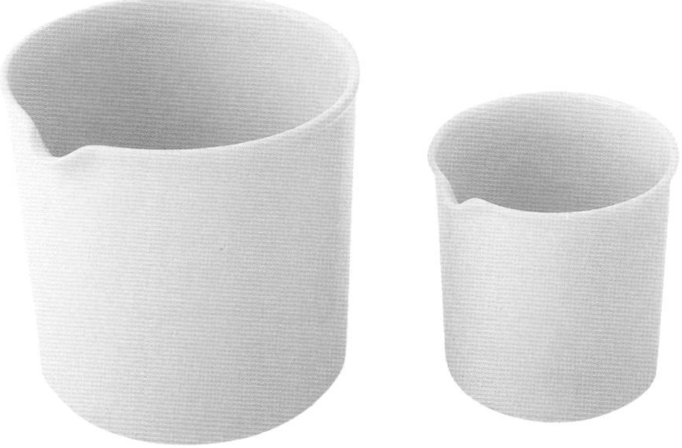

まっ白なビーカー、大小ふたつ。
並べてみるときれいでしょう？
店先におじさんがいない時もあるので、
「すみませ〜ん」と大きな声をかけてみて。
お店の正式な名前は
「夢見る科学 國島器械株式会社」です。

金閣寺

小さな遠足

その㊂

金閣寺

……
p.181
Map
⑦

「京都に着いたらどこに行きたい?」と聞いたら、
「金閣寺っ!!」と娘。
金色に輝くお寺は、子ども心にも惹かれるものがあるのでしょうか。
夏の青空に悠然とそびえ立つ金閣寺は
それはそれはかっこよく、荘厳な佇まい。
遠くに望む北山の山並みを眺めながらカメラ片手に金閣寺散歩。
あっちでパチリ、こっちでパチリとやりながらの
お寺見学もまたいいものです。

ちょうちょをパチリ

パチリ

パチリ

パチリ。

どう?

漆塗りに金箔を貼った舎利殿。上にちょこんとのっているのは金の鳳凰。

金閣寺もパチリ。

金閣寺垣、船形石、銀河泉……。
ひととおり、まわっていると、
向こうの方に茶屋の緋毛氈（ひもうせん）が見えてきました。
木陰が気持ちよさそうだから、野点席に座ろうか。
ひんやり冷えたお抹茶と
金箔つきのお菓子で一服。
このお菓子、おいしいからお土産に買って帰ろうね。

金閣寺納豆入りのお菓子は、
ここでしか手に入らないもの。
パッケージも素敵。

撮ったばかりの金閣寺を
チェック中。

「ねえママ」
「なあに？」
「今度は銀閣寺に行きたい！」

おまけの散歩 その㊄

帰り際まで京都を満喫

…… p.177 Map ③

ジェイアール京都伊勢丹

ここが地下２階の食料品売り場の入り口。
「どんな出会いがまってるかな～」
ウキウキ。

楽しかった旅行も、もうおしまい。
京都駅に向かいます。
新幹線に乗り込む前に、ジェイアール京都伊勢丹に寄らないとね!!

お土産を買い足したり、その日の晩ごはんの材料を買ったり。
あっ、そうそう。
新幹線で食べるお弁当も買わないと。
それからビールでしょ……。

両手いっぱい買い物をした私に
友だちがぽつりとひと言、
「本当に、強欲だねえ」だって！
失礼ねえ。

寺町御池の亀屋良永も、入っています。

ん？
このパッケージ
見たことない。
買ってみようかな。

あっ、野呂本店の
お漬けものが入ってる!!

「あれと、これと」とかごに入れて。
大充実の漬けものコーナー。

エスカレーターで
地下2階の老舗弁当コーナーへ。

菱岩、紫野和久傳、菊乃井……
京料理の名店がずらり。

今日のお弁当は、
見た目に涼しい
紫野和久傳の鯛ちらし。
こちらは8月の内容です。

老舗弁当のコーナー以外の
お弁当売り場も充実してます。

スタイリストの嗅覚を頼りに、
選びました、買いました！
ジェイアール京都伊勢丹
地下食料品売り場の戦利品の数々、
ご覧あれ。

「紫野和久傳」の
西湖（せいこ）

「今西軒」のおはぎ
（こしあん、つぶあん）

「聖護院八ツ橋総本店」の
カネール

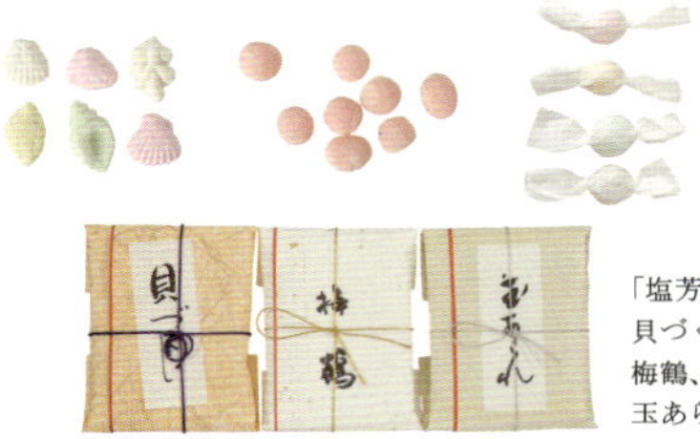

「塩芳軒」の
貝づくし、
梅鶴、
玉あられ

「もりた」の
味噌乃ボーロ

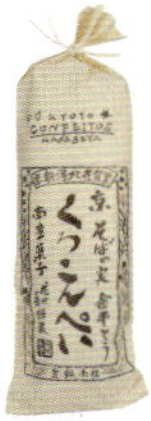

「花せ屋 花竹庵」の
くろこんぺい

「林久右衛門商店」の
京野菜のお吸物

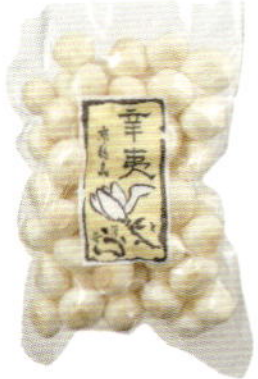

「麩嘉」の
辛夷（こぶし）麩

「千丸屋」の
京湯葉

「麩嘉」の
生麩（栗、梅肉、胡麻）

「七味家」の
山椒豆袋

「原了郭」の
黒七味、粉山椒

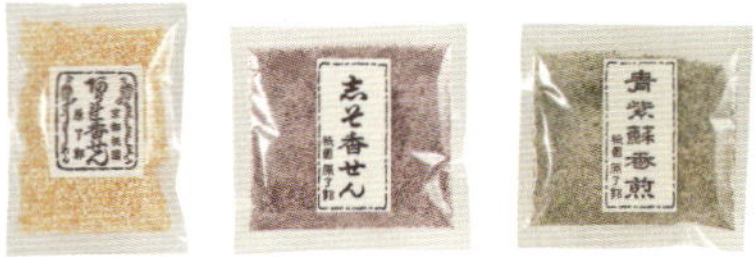

「原了郭」の
あられ香煎、志そ香煎、青紫蘇香煎

「京つけもの 赤尾屋」の水なす、浅瓜

「京出町 野呂本店」の御所しば、青てっぽう、半割大根

●水なす、浅瓜は夏季限定品、半割大根は欠品の場合もあります。

「待って〜」。
慌てて乗り込み、
ぎりぎりセーフ。

ジェイアール京都伊勢丹の袋を抱え、ほくほくしながら
駅の改札口を通ります。
新幹線の席に座ってひと息ついたら、
ビールとお弁当を広げて、
ごはんの時間。
電車の中で食べるお弁当ってほんと、おいしい。

それにしても、楽しかったな、京都の町。

今度はいつ来られるかな。
スケジュール帳とにらめっこしながら
次回の京都旅行の算段をします。

上品な酢飯と、
塩で締めた薄造りの
鯛とのバランスが絶妙。
季節によって少しずつ変わる、
あしらいも素敵。

ビール

ん〜〜〜

MAP-①京都市広域

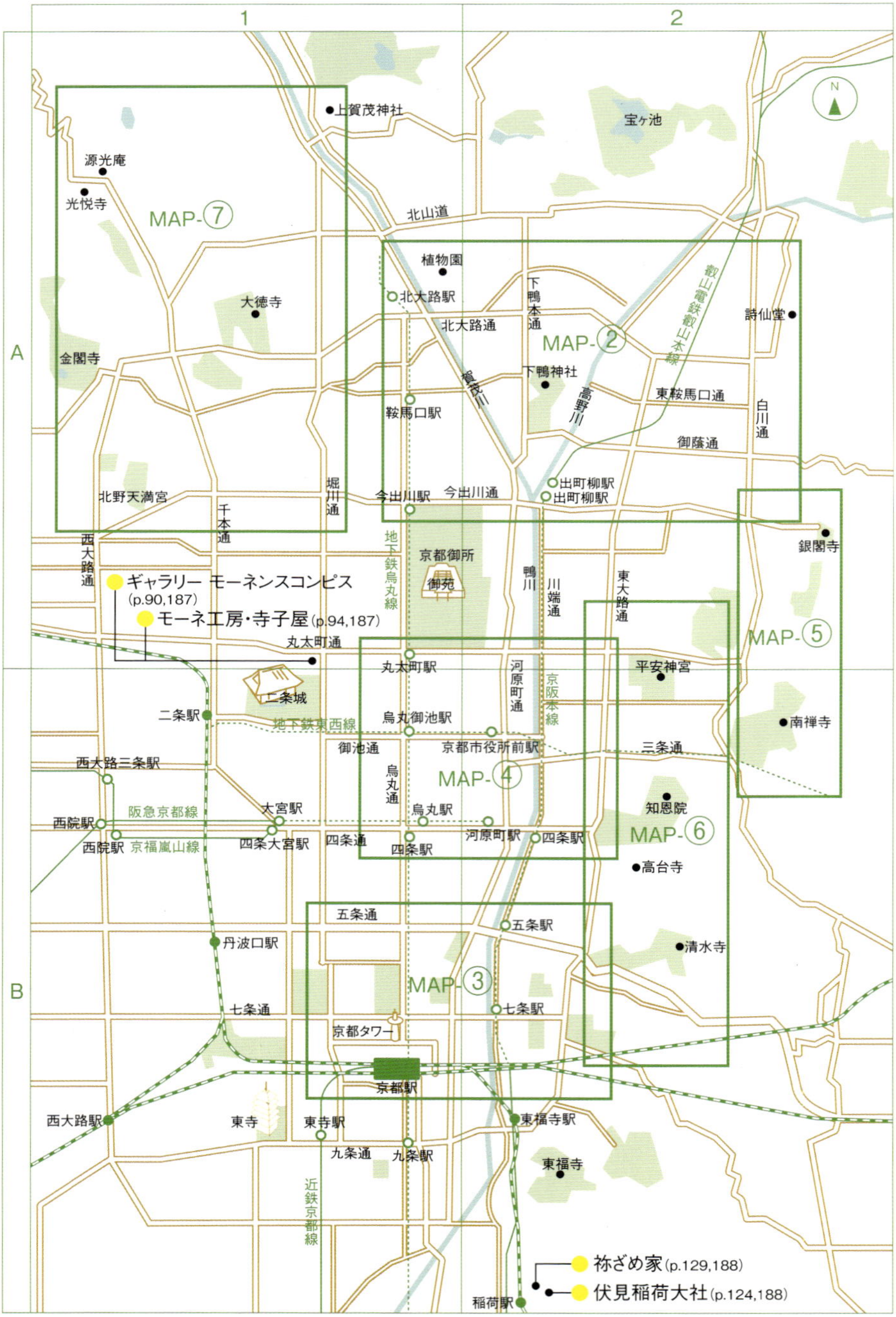
1
2
A
B
N
上賀茂神社
宝ヶ池
源光庵
光悦寺
MAP-⑦
北山通
植物園
北大路駅
下鴨本通
叡山電鉄叡山本線
詩仙堂
大徳寺
北大路通
MAP-②
金閣寺
下鴨神社
賀茂川
高野川
東鞍馬口通
白川通
鞍馬口駅
御蔭通
出町柳駅
北野天満宮
堀川通
今出川駅
今出川通
千本通
銀閣寺
西大路通
地下鉄烏丸線
京都御所
御苑
鴨川
川端通
東大路通
ギャラリー モーネンスコンピス
(p.90,187)
モーネ工房・寺子屋(p.94,187)
MAP-⑤
丸太町通
丸太町駅
河原町通
京阪本線
平安神宮
二条城
二条駅
烏丸御池駅
地下鉄東西線
南禅寺
御池通
京都市役所前駅
三条通
西大路三条駅
烏丸通
MAP-④
知恩院
阪急京都線
大宮駅
烏丸駅
西院駅
MAP-⑥
西院駅
京福嵐山線
四条大宮駅
四条通
四条駅
河原町駅
四条駅
高台寺
五条通
五条駅
丹波口駅
清水寺
MAP-③
七条通
七条駅
京都タワー
京都駅
西大路駅
東寺
東寺駅
東福寺駅
九条通
九条駅
東福寺
近鉄京都線
祢ざめ家(p.129,188)
伏見稲荷大社(p.124,188)
稲荷駅

MAP-②出町柳～一乗寺

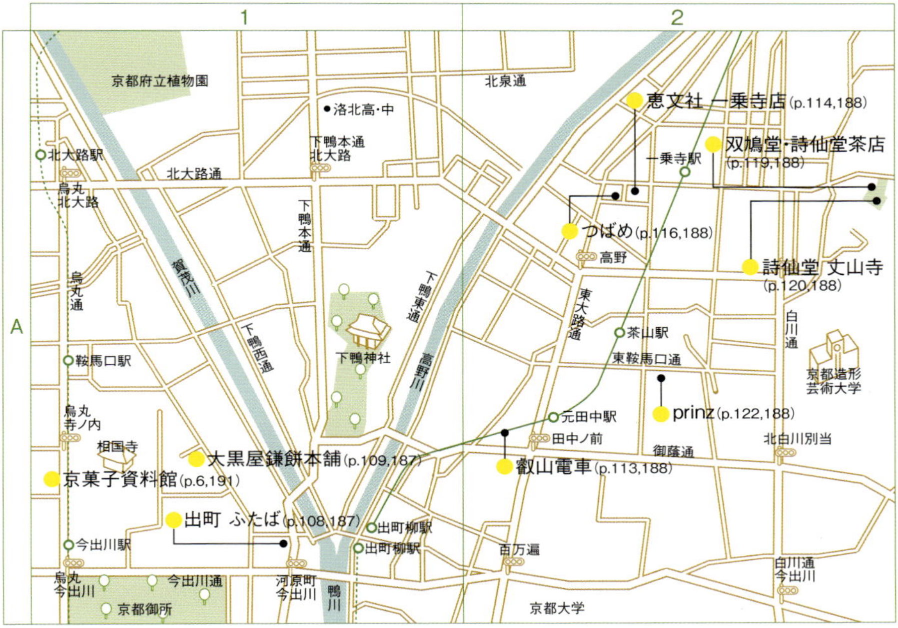

1
2
A
京都府立植物園
北泉通
洛北高･中
下鴨本通
北大路
北大路駅
北大路通
烏丸
北大路
下鴨本通
賀茂川
烏丸通
下鴨西通
下鴨東通
高野川
下鴨神社
鞍馬口駅
烏丸
寺ノ内
相国寺
大黒屋鎌餅本舗(p.109,187)
京菓子資料館(p.6,191)
出町 ふたば(p.108,187)
出町柳駅
出町柳駅
今出川駅
烏丸
今出川
今出川通
京都御所
河原町
今出川
鴨川
恵文社 一乗寺店(p.114,188)
双鳩堂･詩仙堂茶店
(p.119,188)
一乗寺駅
つばめ(p.116,188)
高野
詩仙堂 丈山寺
(p.120,188)
東大路通
茶山駅
東鞍馬口通
白川通
京都造形
芸術大学
prinz(p.122,188)
元田中駅
田中ノ前
御蔭通
北白川別当
叡山電車(p.113,188)
百万遍
白川通
今出川
京都大学

MAP-③五条通～京都駅

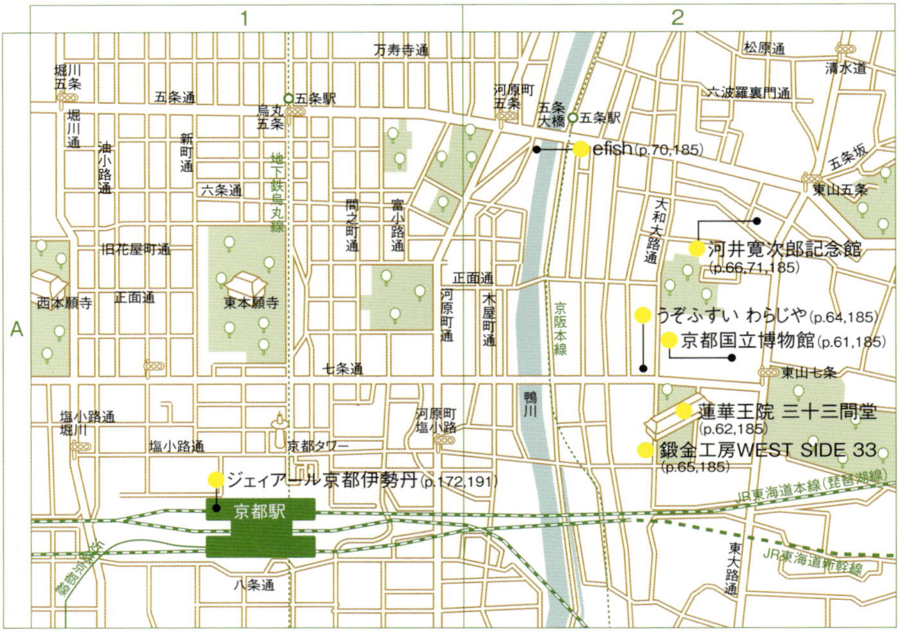

1
2
A
万寿寺通
松原通
清水道
堀川
五条
五条通
五条駅
烏丸
五条
河原町
五条
五条
大橋
五条駅
六波羅裏門通
堀川通
油小路通
新町通
地下鉄烏丸線
六条通
efish(p.70,185)
五条坂
東山五条
間之町通
富小路通
大和大路通
河井寛次郎記念館
(p.66,71,185)
旧花屋町通
正面通
西本願寺
正面通
東本願寺
河原町通
木屋町通
京阪本線
うぞふすい わらじや(p.64,185)
京都国立博物館(p.61,185)
七条通
東山七条
塩小路通
堀川
河原町
塩小路
鴨川
蓮華王院 三十三間堂
(p.62,185)
塩小路通
京都タワー
鍛金工房WEST SIDE 33
(p.65,185)
ジェイアール京都伊勢丹(p.172,191)
京都駅
JR東海道本線(琵琶湖線)
JR東海道新幹線
東大路通
八条通

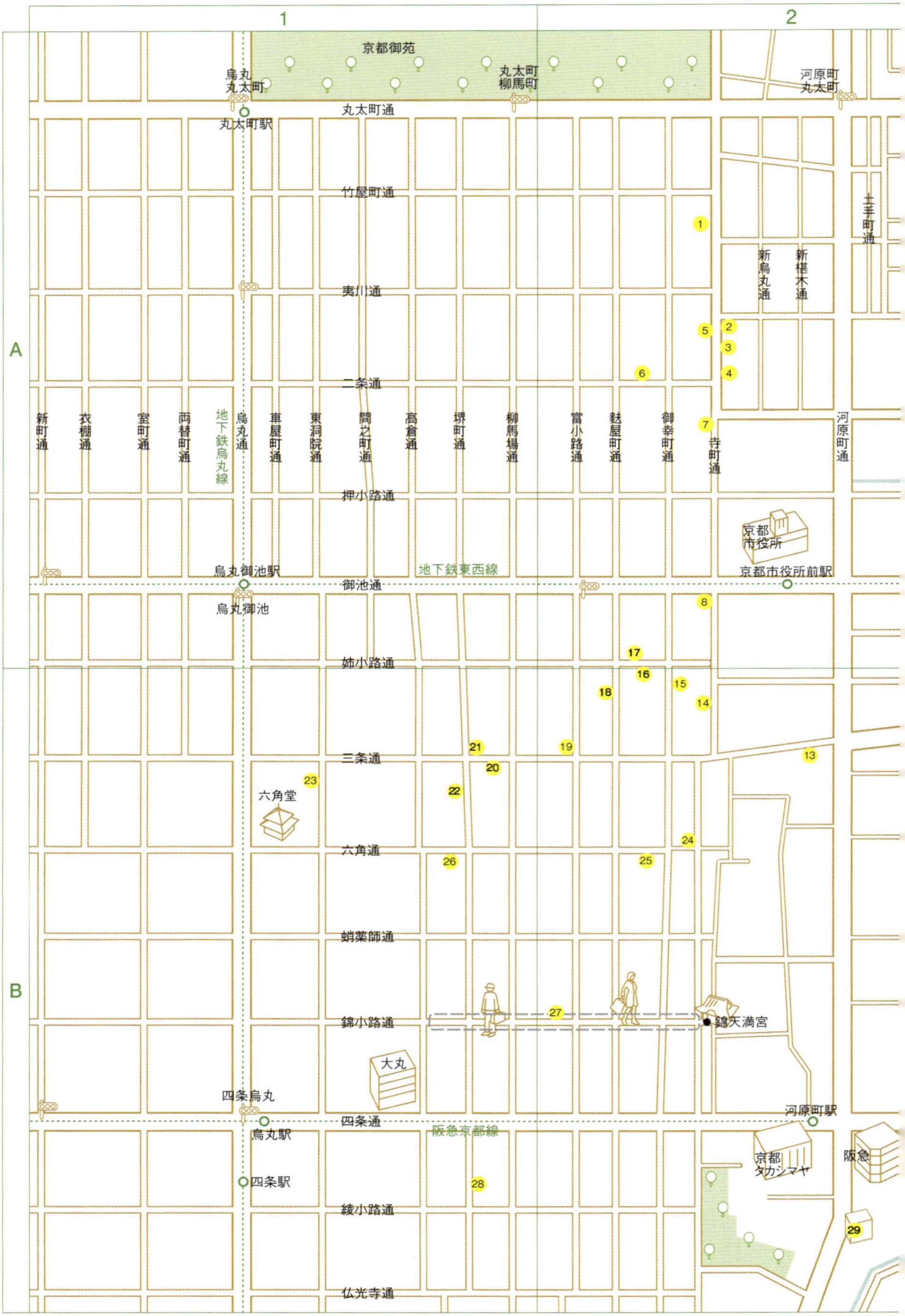
1
2
A
B
京都御苑
烏丸
丸太町
丸太町
柳馬町
河原町
丸太町
丸太町通
丸太町駅
竹屋町通
土手町通
夷川通
新烏丸通
新椹木通
二条通
新町通
衣棚通
室町通
両替町通
地下鉄烏丸線
烏丸通
車屋町通
東洞院通
間之町通
高倉通
堺町通
柳馬場通
富小路通
麩屋町通
御幸町通
寺町通
河原町通
押小路通
京都市役所
烏丸御池駅
地下鉄東西線
京都市役所前駅
御池通
烏丸御池
姉小路通
三条通
六角堂
六角通
蛸薬師通
錦小路通
錦天満宮
大丸
四条烏丸
四条通
烏丸駅
阪急京都線
河原町駅
京都
タカシマヤ
阪急
四条駅
綾小路通
仏光寺通
1
2
3
4
5
6
7
8
13
14
15
16
17
18
19
20
21
22
23
24
25
26
27
28
29

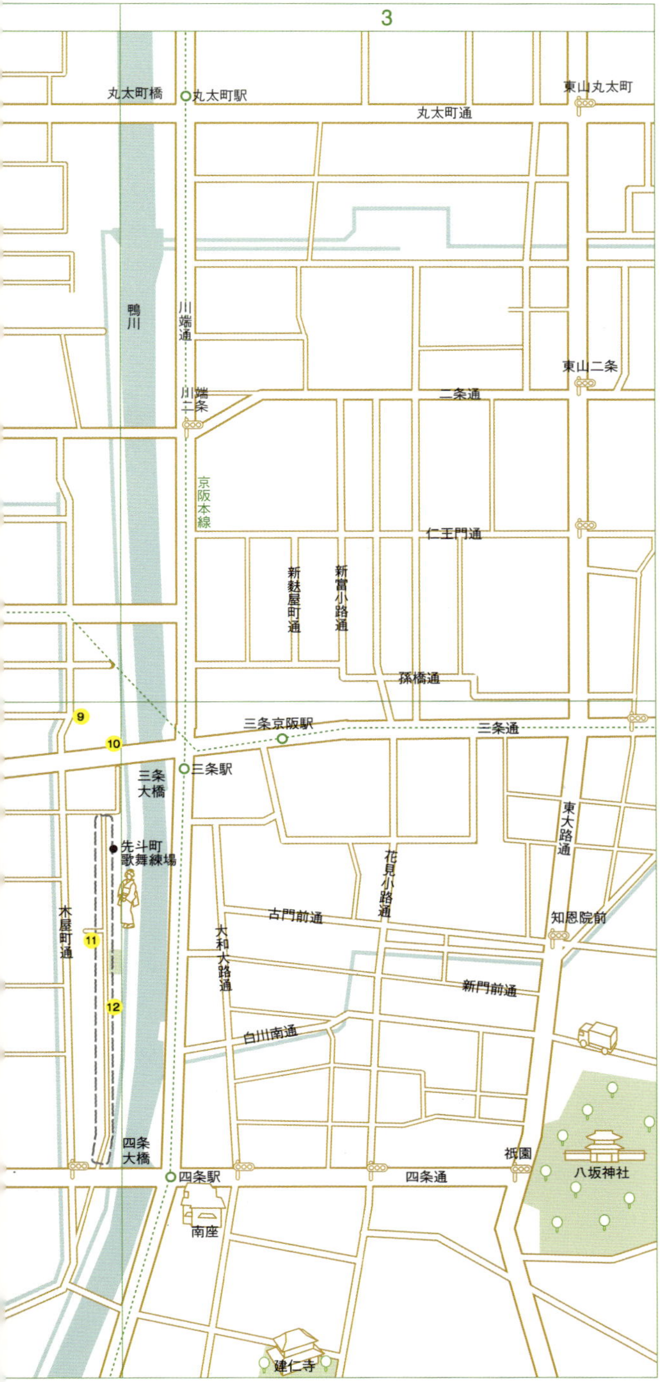
3
丸太町橋
丸太町駅
東山丸太町
丸太町通
鴨川
川端通
東山二条
川端二条
二条通
京阪本線
仁王門通
新麩屋町通
新富小路通
孫橋通
三条京阪駅
三条通
9
10
三条駅
三条大橋
東大路通
先斗町歌舞練場
花見小路通
木屋町通
11
古門前通
大和大路通
知恩院前
12
新門前通
白川南通
四条大橋
祇園
八坂神社
四条駅
四条通
南座
建仁寺

MAP-④京都市中心

MAP-⑤哲学の道

1
A
B
白川通
今出川
ユキ・パリス
コレクション
(p.16,21,182)
鹿ヶ谷通
銀閣寺
銀閣寺 喜み家
(p.20,182)
白川通
法然院
(p.14,182)
哲学の道(p.9,182)
天王町
日の出うどん(p.13,182)
熊野若王子神社
臨済宗 大本山
南禅寺(p.10,182)
水路閣(p.12)
蹴上駅

MAP-⑥岡崎～東山

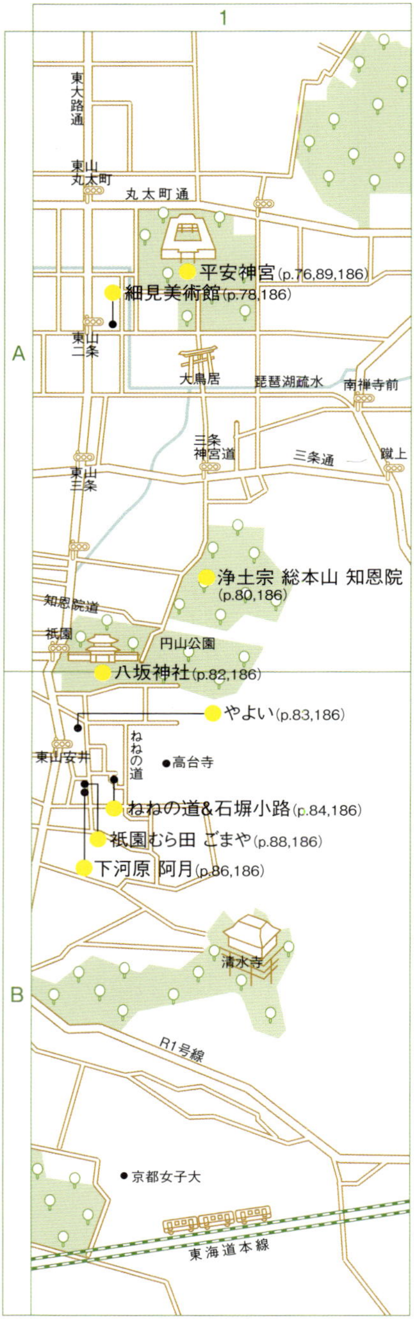
1
A
B
東大路通
東山
丸太町
丸太町通
平安神宮(p.76,89,186)
細見美術館(p.78,186)
東山
二条
大鳥居
琵琶湖疏水
南禅寺前
三条
神宮道
三条通
蹴上
東山
三条
浄土宗 総本山 知恩院
(p.80,186)
知恩院道
祇園
円山公園
八坂神社(p.82,186)
やよい(p.83,186)
ねねの道
東山安井
高台寺
ねねの道&石塀小路(p.84,186)
祇園むら田 ごまや(p.88,186)
下河原 阿月(p.86,186)
清水寺
R1号線
京都女子大
東海道本線

MAP-⑦鷹峯～西陣

1
2
A
B
賀茂川
上賀茂神社
(p.146,190)
神馬堂
(p.149,190)
御薗橋通
船岡東
御薗橋
西詰
源光庵(p.28,182)
鷹峯
光悦寺(p.24,182)
堀川
玄以
玄以通
船岡東通
堀川通
松野醤油(p.30,183)
大宮通
堀川
北山
北山通
京つけもの長八(p.31,183)
今宮神社(p.36,183)
堀川
今宮
万湯葉(p.31,183)
木辻通
一文字屋和助 一和(p.36,183)
左大文字
今宮通
大徳寺
千本通
今宮門前
千本
北大路
大徳寺前
堀川
北大路
北大路通
はしもと珈琲(p.37,183)
金閣寺
(p.168,191)
金閣寺前
智恵光院通
わら天神前
寺之内通
平野神社前
北野天満宮(p.56,184)
五辻通
千本
今出川
堀川
今出川
西大路通
上七軒
西陣織会館
北野天満宮前
粟餅所・澤屋(p.59,184)

散歩で行ったところのリスト

（データは2008年9月現在のものです。料金はおとな1人分の料金です）

●哲学の道界隈

［エリア情報］ 散歩道沿いで途中下車するなら、哲学の道と平行している鹿ケ谷通を走る市バス32系統が便利。南禅寺へは、市バス「南禅寺・永観堂道」（5系統）、地下鉄東西線「蹴上」駅が最寄り。

臨済宗《りんざいしゅう》 大本山《だいほんざん》 南禅寺《なんぜんじ》 ―― P.10／地図⑤-B-1

京都市左京区南禅寺福地町
☎ 075-771-0365
拝観時間 8:40～17:00（12月～2月は16:30まで）
休み 12/28～31は一般の拝観なし
拝観料 ￥500（方丈）、￥500（三門）
URL nanzenji.com/
◉第2、第4日曜に「坐禅と法話」の会（6:00～7:00。8月、12月第4日曜、1月第2日曜は休会）。

日《ひ》の出《で》うどん ―― P.13／地図⑤-B-1

京都市左京区南禅寺北ノ坊町36
☎ 075-751-9251
営業時間 11：00～17：00
休み 日曜（4月、11月、12月は不定休）
◉カレーうどんは、あげ、牛肉、わかめ入りなどバリエーション豊富。辛さは4段階（￥750～）。

法然院《ほうねんいん》 ―― P.14／地図⑤-A-1

京都市左京区鹿ヶ谷御所ノ段町30
☎ 075-771-2420
拝観時間 6：00～16：00
URL www.honen-in.jp/
◉本堂「春季 伽藍内特別公開」（4/1～7 ￥500）、「秋季 伽藍内特別公開」（11/1～7 ￥800）。

ユキ・パリスコレクション ―― P.16、21／地図⑤-A-1

（ミュージアム、アンティークショップ）

京都市左京区浄土寺南田町14
☎ 075-761-7640
開館時間 11：00～18：00
休み 水曜、木曜、7月、8月、年末年始
URL www.yuki-pallis.com/
◉春、秋、クリスマスに特別企画展。

銀閣寺《ぎんかくじ》 㐂《き》み家《や》（甘味処） ―― P.20／地図⑤-A-1

京都市左京区浄土寺上南田町37-1
☎ 075-761-4127
営業時間 10：30～17：30
休み 不定休
URL www.kimiya-kyoto.com
◉夏にはかき氷、秋にはぜんざいが登場。テイクアウト可（豆かん￥420、あんみつ￥520他）。

●鷹峯《たかがみね》

［エリア情報］ 北山杉で知られる北山の麓から鷹峯街道に沿ってお寺や店が点在。坂が続くので、お寺見学→街道散策→今宮神社のルートで。市バス「鷹峯源光庵前」（6、北1系統）が最寄り。

光悦寺《こうえつじ》 ―― P.24／地図⑦-A-1

京都市北区鷹峯光悦町29
☎ 075-491-1305
拝観時間 8：00～17：00
休み 11/10～13
拝観料 ￥300
◉春と秋に収蔵庫公開（時期は要問い合わせ）。

源光庵《げんこうあん》 ―― P.28／地図⑦-A-1

京都市北区鷹峯北鷹峯町47
☎ 075-492-1858
拝観時間 9：00～17：00
拝観料 ￥400
◉第1日曜に「座禅と法話」の会（7:00～9:00。8月休会。1月、12月は休会の場合もある）。

松野醤油《まつのしょうゆ》 —— P.30／地図⑦-A-1

京都市北区鷹峯土天井町21
☎ 075-492-2984
営業時間　9：00～18：00
休み　12/30～1/5
URL　www.matsunoshouyu.co.jp/
◉柚子ぽんず360ml ￥575、醤油（こいくち、うすくち）各180ml ￥270、もろみ 200g ￥400 他。

万湯葉《まんゆば》（ゆば） —— P.31／地図⑦-A-1

京都市北区鷹峯上ノ町23
☎ 075-491-2181
営業時間　9：00～18：00
休み　無休
◉取り寄せ可。くみあげゆば150g ￥500、生小巻2本入り ￥500、生平4枚入り ￥500。

京《きょう》つけもの 長八《ちょうはち》 —— P.31／地図⑦-A-1

京都市北区鷹峯藤林町1-13
☎ 075-492-5544
営業時間　10：00～19：00
休み　水曜、木曜
◉御香保（鹿ケ谷かぼちゃ）130g ￥315など。

一文字屋和助《いちもんじやわすけ》 一和《いちわ》（和菓子） —— P.36／地図⑦-A-2

京都市北区紫野今宮町69
☎ 075-492-6852
営業時間　10：00～17：00
休み　水曜（1日、15日の場合は翌日）
◉15本 ￥500。持ち帰りは45本から。竹串には、病気平癒や厄除けの御利益があるといわれる。

今宮神社《いまみやじんじゃ》 —— P.36／地図⑦-A-2

京都市北区紫野今宮町21
☎ 075-491-0082
拝観時間　参拝自由（社務所は9：00～17：00）
◉疫病退散を願って毎年4月の第2日曜に行われる「やすらい祭」は、京都三大奇祭のひとつ。

はしもと珈琲《こーひー》（喫茶店） —— P.37／地図⑦-B-2

京都市北区紫野西野町31-1
☎ 075-494-2560
営業時間　9：00～18：00
休み　無休
URL　www.geocities.jp/akimaki507/hasimoto.html
◉アキオスペシャルブレンド300g ￥1040 他。

●寺町通《てらまちどおり》

［エリア情報］ 京都市役所の西側を南北に走る寺町通。丸太町通から三条通にかけて歴史ある専門店が軒を連ねる。地下鉄東西線「京都市役所前」駅、市バス「京都市役所前」（3、205系統 他）が便利。

大吉《だいきち》（骨董品） —— P.39、48／地図④-A-2

京都市中京区寺町通二条下ル
☎ 075-231-2446
営業時間　11：00～19：00（茶房は12：00～17：00）
休み　月曜
◉古伊万里はじめ、ヨーロッパや中国の器が揃う。

一保堂茶舗《いっぽどうちゃほ》（茶、喫茶） —— P.40、49／地図④-A-2

京都市中京区寺町通二条上ル
☎ 075-211-3421
営業時間　9：00～19：00（日曜、祝日、12/30、31は～18：00まで）
休み　1/1～3
URL　www.ippodo-tea.co.jp
◉喫茶室「嘉木」（11:00～17:00、年末年始休み）では、各種お茶を楽しめる（和菓子付、￥410～）。

村上開新堂《むらかみかいしんどう》（洋菓子） —— P.42、49／地図④-A-2

京都市中京区寺町通二条上ル
☎ 075-231-1058
営業時間　10：00～18：00
休み　日曜、祝日、第3月曜
◉好事福盧（￥494）は秋冬限定、4～10月はオレンジゼリー（￥662）に替わる。ロシアケーキ（￥189）は全5種。クッキー、ゼリーは要予約。

スマート珈琲店《こーひーてん》 ── P.43、49／地図④-B-2

京都市中京区寺町通三条上ル
☎ 075-231-6547
営業時間　8：00～19：00（ランチ11：00～14：30）
休み　無休（ランチのみ火曜休）
URL　www.smartcoffee.jp/
◉ランチはクリームコロッケやエビフライなど9品から2品を選べるセット（¥980）などがある。

亀《かめ》屋《や》良永《よしなが》（和菓子） ── P.44、49／地図④-A-2

京都市中京区寺町通御池下ル
☎ 075-231-7850
営業時間　8：00～18：00
休み　日曜、第1、第3水曜
◉1832年（天保3年）創業。棟方志功の版画が印刷された「御池煎餅」は¥1155（1缶22枚入り）。

アスタルテ書房《しょぼう》（古書） ── P.46、49／地図④-B-2

京都市中京区三条御幸町通上ル東側　ジュエリーハイツ202
☎ 075-221-3330
営業時間　12：00～19：00
休み　木曜
◉店はマンションの2階。澁澤龍彥など幻想文学系の作品や図録、雑誌が並ぶ。

末廣《すえひろ》（寿司） ── P.49／地図④-A-2

京都市中京区寺町通二条上ル要法寺前町711
☎ 075-231-1363
営業時間　11：00～19：00
休み　月曜
◉鯖姿寿司は1本¥3400、半本¥1700（6切れ）。穴子箱寿司¥1050、冬にはむし寿司も登場。

●錦市場《にしきいちば》

［エリア情報］ 四条通の1本北側、錦天満宮から西に約400メートル続くアーケード街が、いわゆる「京の台所」、錦市場。アクセス便利な四条河原町からほど近く、観光客にも人気が高い。

錦市場《にしきいちば》 ── P.50／地図④-B-2

始まりは江戸時代初期。職人技の料理道具が揃う「有次」、卵焼きで有名な「三木鶏卵」、漬けもの屋の「桝佰」「錦・高倉屋」など、約140の老舗・専門店が集まる。食事処や甘味処もある。

市原平兵衞商店《いちはらへいべえしょうてん》（箸） ── P.53／地図④-B-1

京都市下京区堺町通四条下ル
☎ 075-341-3831
営業時間　10：00～18：30
　　　　　（日曜、祝日 11：00～18：00）
休み　日曜不定休
◉古い家屋の天井でいぶされた「すす竹」で作る「みやこばし」など、300種類以上の箸が揃う。

●北野天満宮《きたのてんまんぐう》

［エリア情報］ 菅原道真の霊を慰めるために創建され、学問・文芸の神様として信仰を集める北野天満宮。付近には西陣や京都最古の花街・上七軒など、町家が残るエリアが続く。市バス「北野天満宮前」（50、101、203系統 他）が最寄り。

北野天満宮《きたのてんまんぐう》 ── P.56／地図⑦-B-1

京都市上京区馬喰町
☎ 075-461-0005
拝観時間　5：00～18：00
　　　　　（10月～3月は5：30～17：30）
拝観料　無料（梅苑 ¥600）
URL　www.kitanotenmangu.or.jp
◉毎月25日に縁日「天神さん」が開かれ、菅原道真の命日、2/25の「梅花祭」には上七軒の芸妓・女将さんによるお茶会が行われる（要予約）。

粟餅所《あわもちどころ》・澤屋《さわや》（和菓子） ── P.59／地図⑦-B-1

京都市上京区今小路通御前西入ル紙屋川町838-7
☎ 075-461-4517
営業時間　9：00～17：00前後（売り切れ次第）
休み　木曜、26日
URL　www.awamochi-sawaya.shop-site.jp/

◉粟餅 1人前（あんこ、きな粉2種入り）￥510、お土産用は10個入り（￥1020）から、5個刻み。あんこときな粉の割合は好みで変更可能。

●三十三間堂〜五条大橋

［エリア情報］ 長谷川等伯一門の国宝障壁画がある智積院、徳川家の菩提寺・養源院、豊臣秀吉をまつる豊国神社など、見所の多い三十三間堂界隈。市バス「博物館三十三間堂前」（100、206、208系統）もしくは京阪電車「七条」駅が便利。

京都国立博物館《きょうとこくりつはくぶつかん》 —— P.61／地図③-A-2

京都市東山区茶屋町527
☎ 075-525-2473
開館時間 9：30〜17：00（入館は16：30まで）
※特別展覧会開催中は時間延長あり
休み 月曜（祝日の場合は翌日）
入館料 ￥500（特別展覧会は別料金）
URL www.kyohaku.go.jp/
◉毎週土曜13：30から、研究員による展覧会や展示品に関連した講座が開かれる。

蓮華王院《れんげおういん》 三十三間堂《さんじゅうさんげんどう》 —— P.62／地図③-A-2

京都市東山区三十三間堂廻町657
☎ 075-561-0467
拝観時間 8：00〜17：00（11/16〜3/31は9：00〜16：00、最終受付は閉門30分前）
拝観料 ￥600
URL sanjusangendo.jp/
◉3/3に「春桃会」を開催。4月下旬、「春季非公開文化財特別拝観」あり（日時、要問い合わせ）。

うぞふすい わらじや（和食） —— P.64／地図③-A-2

京都市東山区七条通本町東入ル
☎ 075-561-1290
営業時間 11：30〜14：00、16：00〜20：00（土曜、日曜、祝日は11：30〜20：00）
休み 火曜
◉料理は鰻鍋と鰻雑炊のコースのみ（￥6100）。

鍛金工房《たんきんこうぼう》 WEST SIDE《うえすと さいど》 33（調理道具）
—— P.65／地図③-A-2

京都市東山区大和大路通七条下ル七軒町578
☎ 075-561-5294
営業時間 10：00〜19：00
休み 火曜
◉鍛金職人・寺地 茂氏がデザインから製造のすべてを手がけたアルミや銅の調理器具が揃う。オーダーメイドも可。

河井寛次郎記念館《かわいかんじろうきねんかん》 —— P.66、71／地図③-A-2

京都市東山区五条坂鐘鋳町569
☎ 075-561-3585
開館時間 10：00〜17：00（最終受付16：30）
休み 月曜（祝日の場合は翌日）
入館料 ￥900
◉76歳で亡くなるまで創作活動を続けた住居と工房を、ほぼ当時のままに公開。作品や愛用していた品々を展示。作品は年4回入れ替わる。

efish《えふぃっしゅ》（カフェ） —— P.70／地図③-A-2

京都市下京区木屋町通五条下ル西橋詰町798-1
☎ 075-361-3069
営業時間 11：00〜22：00（L.O. 21：30）
休み 無休
URL www.shinproducts.com/
アクセス：市バス「河原町五条」（205、4、17系統他）、京阪電車「五条」駅より約1分
◉プロダクトデザイナー・西堀 晋氏プロデュース。西堀氏の作品や各国の雑貨を展示販売。

●平安神宮〜東山界隈

［エリア情報］ 京都国立近代美術館や京都市美術館、細見美術館などが立ち並ぶ岡崎エリア。琵琶湖疏水や白川沿いを散策しながら南下すれば、京都らしい小路や通りが続く東山エリアへ。岡崎方面は市バス「京都会館美術館前」（5、46系統）または地下鉄東西線「東山」駅で、東山界隈へは市バス「東山安井」（206系統 他）で下車。

平安神宮《へいあんじんぐう》 ── P.76、89／地図⑥-A-1

京都市左京区岡崎西天王町
☎ 075-761-0221
拝観時間　6：00～18：00（3/1～14、9月、10月は17：30まで、11月～2月は17：00まで）
拝観料　無料（神苑 ￥600）
URL　www.heianjingu.or.jp/
◉しだれ桜の名所「神苑」は、名造園家7代目小川治兵衛の作。桜の時期のライトアップあり。

細見美術館《ほそみびじゅつかん》 ── P.78／地図⑥-A-1

京都市左京区岡崎最勝寺町6-3
☎ 075-752-5555
開館時間　美術館・ショップ　10：00～18：00
茶室　11：00～17：00
カフェ　10：30～18：30（L.O.18：00）
休み　月曜（祝日の場合は翌日、茶室は不定休）
入館料　展覧会によって異なる
URL　www.emuseum.or.jp/
◉講演会やワークショップなど、多数開催。

浄土宗《じょうどしゅう》 総本山《そうほんざん》 知恩院《ちおんいん》 ── P.80／地図⑥-A-1

京都市東山区林下町400
☎ 075-531-2111
拝観時間　9：00～16：30
（入山は16：00まで、3/14～23の夜間拝観は17：30～21：00〈受付終了〉）
拝観料　無料
URL　www.chion-in.or.jp/
◉日本一の大きさを誇る三門の正式名称は三解脱門。楼上内部の仏堂は年に数日、特別公開。

八坂神社《やさかじんじゃ》 ── P.82／地図④-B-3、⑥-A-1

京都市東山区祇園町北側625
☎ 075-561-6155
拝観時間　9：00～16：00
URL　web.kyoto-inet.or.jp/org/yasaka/
◉境内には美の神様で知られる美御前社があり、肌の健康を守る「美容水」が湧き出ている。

やよい（カフェ、佃煮） ── P.83／地図⑥-B-1

京都市東山区祇園下河原清井町481
☎ 075-531-8317
営業時間　10：00～18：00（カフェ L.O. 17：00）
休み　不定休
URL　www.yayoi-ojako.co.jp/
◉定番「おじゃこ」100g ￥1050～。「しいたけ」150g ￥1050～他、季節の味わい多数。

ねねの道《みち》＆石塀小路《いしべこうじ》 ── P.84／地図⑥-B-1

高台寺から円山公園に続く石畳が「ねねの道」。豊臣秀吉の妻、北政所・ねねゆかりの寺、高台寺と圓徳院があることから名づけられた。圓徳院の北側、ねねの道と下河原通間をつなぐ幅3メートルほどの石畳の小路が「石塀小路」。

下河原《しもがわら》 阿月《あづき》（和菓子、甘味処） ── P.86／地図⑥-B-1

京都市東山区祇園下河原八坂鳥居前下ル
☎ 075-561-3977
営業時間　9：00～17：30
休み　水曜（不定休で連休あり）
◉三笠下河原（黒、白）各￥160、（大）￥800（前日までに予約）。クリームあんみつ、冷やし亀山 各￥750。

祇園《ぎおん》むら田《た》 ごまや（食材） ── P.88／地図⑥-B-1

京都市東山区下河原通八坂鳥居前下ル下河原町478
☎ 075-561-1498
営業時間　10：00～17：30
休み　日曜、祝日、第4水曜
URL　www.gomaya-kikusui.com/gomaya/gtenpo.html
◉料亭御用達の胡麻屋から小売店「ごまや」が誕生。白ゴマ 115g ￥735、練りゴマ 225g ￥735。

●二条城（モーネ工房）
［エリア情報］ 地下鉄東西線「二条城前」駅もしくは地下鉄烏丸線「丸太町」駅下車。または市バス「二条城前」（9系統 他）が最寄り。
モーネ工房HP www.maane-moon.com/

ギャラリー モーネンスコンピス
—— P.90／地図①-A-1

京都市上京区堀川通丸太町下ル下堀川町154-1
(株) エーワンテック本社ビル3階
☎ 075-821-3477
開館時間　12：00～18：00
休み　火曜、水曜、木曜（2009年1月より不定期）
◉グラフィック工芸家・井上由季子さんが主宰するモーネ工房が、運営。小さなショップを併設。
◉同敷地内で「モーネ工房・寺子屋」(P.94)を開催。「工夫する」「見つける」「作る」を楽しむもの作り教室は、1回から通年クラスまで様々。「子供寺子屋」などもある。詳しくはモーネ工房HPへ。

●四条河原町南《しじょうかわらまちみなみ》～先斗町《ぽんとちょう》
［エリア情報］　四条通と河原町通が交差する一帯は、西日本でも有数の繁華街。南側は比較的落ちついているが、祇園とともに京を代表する花街のひとつ、先斗町通には、石畳を挟んでお茶屋や飲食店がぎっしり並び、夜の賑わいをみせる。

ミナ ペルホネン 京都店（服、インテリア）
—— P.98、107／地図④-B-2

京都市下京区河原町通四条下ル市之町251-2
壽ビルディング1階
☎ 075-353-8990
営業時間　12：00～20：00
休み　無休
URL　www.mina-perhonen.jp/
◉子供服やメンズ、ファブリックも常時店頭に並ぶ。

GALLERYGALLERY《ぎゃらりーぎゃらりー》（ギャラリー）
—— P.100／地図④-B-2

京都市下京区河原町通四条下ル市之町251-2
壽ビルディング5階
☎ 075-341-1501
開館時間　11：00～19：00
休み　木曜
URL　www.fiberart-jp.com/
◉繊維ものを扱う作家の作品を中心に紹介。

子どもの本専門店 メリーゴーランド・京都
（児童書、絵本） —— P.102／地図④-B-2

京都市下京区河原町通四条下ル市之町251-2
壽ビルディング5階
☎ 075-352-5408
営業時間　10：00～19：00
休み　木曜
URL　www.merry-go-round.co.jp/kyoto.html
◉絵本、小説、写真集など約4000冊の本が揃う。

余志屋《よしや》（割烹、釜飯） —— P.104／地図④-B-2

京都市中京区先斗町通三条下ル材木町188
☎ 075-221-5115
営業時間　17：00～22：30 (L.O.)
休み　月曜
◉おまかせ¥7500～。アラカルトもあり。

●出町柳《でまちやなぎ》～一乗寺《いちじょうじ》
［エリア情報］　賀茂川と高野川が合流する出町柳。ここを起点に北東へと叡山電車が走る。沿線には学校も多く、一乗寺にかけて個性的な書店やカフェが点在。一乗寺界隈へは市バスの5、31、北8系統、または京都バスの18、55系統が便利。

出町《でまち》 ふたば（和菓子） —— P.108／地図②-A-1

京都市上京区出町通今出川上ル青龍町236
☎ 075-231-1658
営業時間　8：30～17：30
休み　火曜、第4水曜（祝日の場合は翌日）
◉行列必至の豆餅は1個¥160。砂糖や水飴無添加の餅はすぐに固くなるので、賞味期限は当日。

大黒屋《だいこくや》鎌餅本舗《かまもちほんぽ》（和菓子） —— P.109／地図②-A-1

京都市上京区寺町今出川上ル4丁目阿弥陀寺前町25
☎ 075-231-1495
営業時間　8：30～20：00
休み　第1、第3水曜日
◉餅粉と砂糖を練った、かすかに甘みのある餅でこしあんを包んだ御鎌餅（¥210）が名物。

叡山電車《えいざんでんしゃ》 —— P.113／地図②-A-1、2

叡山本線と鞍馬線の2路線。運賃は区間制で、パノラミック電車「きらら」は1時間に1～2本運行。詳しくはHP　www.keihannet.ne.jp/eiden/ で。

恵文社《けいぶんしゃ》 一乗寺店《いちじょうじてん》（本、生活雑貨、雑貨）
—— P.114／地図②-A-2

京都市左京区一乗寺払殿町10
☎ 075-711-5919
営業時間　10：00～22：00
休み　元日
URL　www.keibunsha-books.com/
◉書籍や世界中の雑貨を取り揃え、より豊かな「本のある生活」を提案。ギャラリーを併設。

つばめ（カフェ） —— P.116／地図②-A-2

京都市左京区一乗寺払殿町30-2
☎ 075-723-9352
営業時間　11：30～17：30（L.O.）
休み　月曜
◉「今日の定食」（¥800）は日替わり（売り切れ次第終了）。自家製ドリンクなども揃っている。

東風《こち》（パン） —— P.117

一乗寺駅から曼殊院通を西に向かい、最初の十字路を下がった東側。
☎お店の都合により掲載できません。
営業時間　10：30～19：00
休み　月曜、火曜、金曜
◉店の奥の厨房で、天然酵母を使って焼きあげるパンは10数種類。夕方には売り切れることも。

双鳩堂《そうきゅうどう》・詩仙堂茶店《しせんどうちゃみせ》 —— P.119／地図②-A-2

京都市左京区一乗寺門口町
☎ 075-712-3925
営業時間　10：00～16：00
休み　木曜
◉鳩もちは、白、ニッキ、抹茶の3色（各¥120）。

詩仙堂《しせんどう》 丈山寺《じょうざんじ》 —— P.120／地図②-A-2

京都市左京区一乗寺門口町27
☎ 075-781-2954
拝観時間　9：00～17：00（最終受付16：45）
拝観料　¥500
◉「詩仙の間」には狩野探幽筆の中国の詩家36人の肖像が並ぶ。回遊式庭園では四季の花や紅葉を。

prinz《ぷりんつ》（本、カフェ、アパートテル） —— P.122／地図②-A-2

京都市左京区田中高原町5
☎ 075-712-3900
営業時間　8：00～24：00（金曜～日曜は25：00まで。L.O.は閉店30分前）
休み　無休
URL　www.prinz.jp/
◉カフェ、ギャラリー、ブックショップ、アパートテル（宿泊施設、全2室）などの複合施設。

●伏見稲荷大社《ふしみいなりたいしゃ》

［エリア情報］　京都市の南に位置する伏見区。全国で3万社を超えるお稲荷さんの総本宮、伏見稲荷大社のあるJR奈良線「稲荷」駅までは、京都駅からわずか5分。京阪電車「伏見稲荷」駅も最寄り。

伏見稲荷大社《ふしみいなりたいしゃ》 —— P.124／地図①-B-2

京都市伏見区深草藪之内町68
☎ 075-641-7331
拝観時間　7：00～18：00（授与所）
URL　inari.jp/
◉高さ233メートルの稲荷山には至る所に「お塚」があり、巡拝する「お山する」は約4キロメートル、所要時間は2時間ほど。

祢《ね》ざめ家《や》（食事処） —— P.129／地図①-B-2

京都市伏見区深草稲荷御前町82
☎ 075-641-0802
営業時間　9：00～18：00
休み　不定休
◉秘伝のタレで焼く鰻（¥1150～）や鯖寿司が名物。

●御所南《ごしょみなみ》〜四条河原町《しじょうかわらまち》

［エリア情報］ 丸太町通、河原町通、四条通、烏丸通で囲まれたこのエリアは、まさに京都市の真ん中。道が碁盤の目のように直交しているので、通りの順番を覚えておくと便利。交通の便◎。

ギャラリー啓《けい》（古裂、アンティーク） —— P.133／地図④-A-2

京都市中京区寺町夷川上ル西側久遠院前町671-1
☎ 075-212-7114
営業時間　11：30〜18：00
（日曜、祝日は12：00から）
休み　不定休
URL　gallerykei.jp/
◉古い着物を仕立て直した着物、帯も扱う。

京都《きょうと》アンティークセンター —— P.136／地図④-A-2

京都市中京区寺町二条上ル東側
☎ 075-222-0793
営業時間　10：30〜19：00
休み　火曜
URL　www.antique-search.jp/kac/
◉お目当ての店のオーナーが見当たらない時は、センターの店員に声をかけて！

晦庵河道屋《みそかあんかわみちや》（蕎麦） —— P.138／地図④-B-2

京都市中京区麩屋町通三条上ル
☎ 075-221-2525
営業時間　11：00〜20：00
休み　木曜
URL　www.kawamichiya.co.jp/soba/
◉みぞれ（￥1150）、冷麦（￥900）は6月〜9月限定。「芳香炉」（2人前〜、￥4000/1人前）が名物。

蕎麦《そば》ほうる 総本家《そうほんけ》 河道屋《かわみちや》（和菓子）
—— P.139／地図④-B-2

京都市中京区姉小路通御幸町西入ル
☎ 075-221-4907
営業時間　8：30〜18：00
休み　正月
URL　www.kawamichiya.co.jp/houru/hourutop.htm
◉蕎麦ほうる　缶入り140g￥630〜。中央の丸い部分だけを集めた「つぼみ」は160g￥525。

遊形《ゆうけい》サロン・ド・テ —— P.140／地図④-A-2

京都市中京区姉小路通麩屋町東入ル北側
☎ 075-212-8883
営業時間　11：00〜19：00
休み　火曜
◉わらび餅と抹茶￥2200、季節のデザート（深煎りコーヒーあるいは紅茶と）￥2200他。

分銅《ぶんどう》屋《や》足《た》袋《び》 —— P.142／地図④-B-1

京都市中京区三条通堺町角
☎ 075-221-2389
営業時間　9：30〜18：30
休み　日曜、祝日
◉オリジナルの京友禅の柄足袋￥3600〜、白足袋￥3100〜、黒足袋￥3300〜。

伊藤組紐店《いとうくみひもてん》 —— P.143／地図④-B-2

京都市中京区寺町六角
☎ 075-221-1320
営業時間　10：30〜18：00
休み　年末年始
URL　itokumihimoten.com/
◉帯ストラップなども揃う。好みの真田紐、玉結び、トンボ玉でのオーダーメイドも可。

嵩山堂《すうざんどう》はし本《もと》 本店《ほんてん》（和文具） —— P.144／地図④-B-2

京都市中京区六角通麩屋町東入ル
☎ 075-223-0347
営業時間　10：00〜18：00
休み　お盆、年末年始
URL　suuzando.co.jp/
◉ポチ袋3枚￥473〜、レターセット￥1890〜、文乃香￥945〜。書道・香道の道具も揃う。

柳桜園茶舗《りゅうおうえんちゃほ》(茶) —— P.145／地図④-A-2

京都市中京区二条通御幸町西入ル丁子屋町690
☎ 075-231-3693
営業時間　9：00～18：00
休み　日曜、祝日
◉風味を損なわないよう、抹茶は店内の石臼で挽く。かりがねほうじ茶「香悦」なども人気。

●上賀茂神社《かみがもじんじゃ》

［エリア情報］葵祭の勅際社として有名な上賀茂神社。御物忌川と御手洗川が流れ、参道脇の芝生の広場とともに市民の憩いの場に。市バス「上賀茂神社前」(4、46、67系統)、または京都バス「上賀茂神社前」(32、34系統 他)が最寄り。

上賀茂神社《かみがもじんじゃ》 —— P.146／地図⑦-A-2

京都市北区上賀茂本山339
☎ 075-781-0011
拝観時間　境内参拝自由
(楼門内 8：30～16：00
〈土曜、日曜、祝日は16：30まで〉、
本殿 10：00～楼門閉門)
拝観料　無料(本殿 ¥500)
URL　www.kamigamojinja.jp/
◉神馬ちゃんは日曜、祝日、神社の行事の日に出舎(臨時休憩あり)。航空安全守は¥800。

神馬堂《じんばどう》(やきもち) —— P.149／地図⑦-A-2

京都市北区上賀茂御薗口町4
☎ 075-781-1377
営業時間　7：00～16：00(売り切れ次第閉店)
休み　火曜の午後、水曜
◉明治5年(1872年)の創業以来、やきもち一筋。店先の鉄板で焼かれるやきもちは1個¥120。

●三条通《さんじょうどおり》

［エリア情報］明治のレンガ建築が立ち並ぶ三条通。近年、町家や洋館を活かした、小さくも個性的な店が続々とでき、人気のスポットに。地下鉄、電車の便もよく、バスの運行本数も多く、便利。

Bonne《ぼんぬ》 Tarte《たると》! ミディ・アプレミディ
(洋菓子、喫茶) —— P.155／地図④-B-1

京都市中京区東洞院通三条下ル
☎075-221-1213
営業時間　11：00～19：00
休み　月曜
◉コーヒーか紅茶とセットで¥1100。

AVRIL《あゔりる》 三条店《さんじょうてん》(糸) —— P.156／地図④-B-2

京都市中京区三条富小路角 サクラビル2階
☎ 075-211-2446
営業時間　11：00～20：00
(土曜、日曜、祝日は19：00まで)
休み　無休
URL　homepage1.nifty.com/avril/
◉糸は10g単位の量り売り。各種講習あり。

idola《いどら》 本店《ほんてん》(ボタン・ビーズ) —— P.158／地図④-B-2

京都市中京区三条富小路角 サクラビル3階
☎ 075-213-4876
営業時間　11：00～19：30
(土曜、日曜、祝日は19：00まで)
休み　無休
URL　www.idola-kyoto.com/
◉アクセサリー教室を開催(要予約)。

イノダコーヒ 本店《ほんてん》 —— P.160／地図M④-B-1

京都市中京区堺町通三条下ル
☎ 075-221-0507
営業時間　7：00～20：00
休み　無休
URL　www.inoda-coffee.co.jp/
◉ビーフカツサンド¥1730。スパゲティは「イタリアン」と「ボルセナ」の2種(各¥800)。

大極殿《だいごくでん》 六角店《ろっかくてん》・甘味処《かんみどころ》 栖園《せいえん》
—— P.162／地図④-B-1

京都市中京区六角通高倉東入ル南側

☎075-221-3311
営業時間　10：00～18：00
休み　水曜
◉大きな暖簾が目印。琥珀流し（¥580）、ぜんざい（¥800）、夏場はかき氷（¥580～）も人気。

菊一文字《きくいちもんじ》 本店《ほんてん》（刃物）—— P.164／地図④-B-2

京都市中京区河原町三条通西入ル
☎ 075-221-0077
営業時間　11：00～18：30
　　　　（日曜は12：00～18：30）
休み　木曜
URL　www.kikuichimonji.co.jp/
◉和ばさみ（¥2310～）、裁ばさみ（¥4200～）。

内藤商店《ないとうしょうてん》（ほうき、タワシ）—— P.165／地図④-B-2

京都市中京区三条大橋西詰北側
☎ 075-221-3018
営業時間　9：30～19：30
休み　年始、他不定休
◉天然素材を用いたほうき、タワシは職人の作。

月餅《つきもち》家《や》直正《なおまさ》（和菓子）—— P.166／地図④-B-2

京都市中京区木屋町三条上ル八軒目
☎ 075-231-0175
営業時間　9：30～19：00
休み　木曜、第3水曜
◉名物のわらび餅（¥190）は早い時間に売り切れることも。みな月（¥640）は通年の扱い。

夢見る科学 國島《くにしま》器械株式会社（測定機器）
—— P.167／地図④-B-1

京都市中京区三条通堺町東入ル桝屋町71
☎ 075-221-3482
営業時間　9：00～19：00
休み　日曜
URL　www.kunishima-kikai.co.jp
◉体温計やビーカーから科学機器・精密測定機器まで、各種「計れるもの」を取り扱う。

●金閣寺《きんかくじ》

［エリア情報］ 足利3代将軍義満が邸宅「北山殿」として造営した金閣寺。極楽浄土をこの世に表したといわれ、あらゆる贅が尽くされている。市バス「金閣寺道」（59系統）が最寄り。

金閣寺《きんかくじ》 —— P.168／地図⑦-B-1

京都市北区金閣寺町1
☎ 075-461-0013
拝観時間　9：00～17：00
拝観料　¥400
URL　www.shokoku-ji.or.jp/kinkakuji/
◉正式名称は鹿苑寺。2、3層部分に金箔が押された舎利殿を「金閣」、寺院全体を「金閣寺」と通称。

●ＪＲ京都駅

ジェイアール京都《きょうと》伊《い》勢《せ》丹《たん》 —— P.172／地図③-A-1

京都市下京区烏丸通塩小路下ル東塩小路町
☎ 075-352-1111（大代表）
休み　不定休
営業時間　10：00～20：00
URL　www.wjr-isetan.co.jp
◉お弁当やお惣菜、生鮮食料品は地下2階、和洋菓子、老舗の味は地下1階での取り扱い。宅配便の手配は宅配便受付カウンターで。

●あんこ地図

京菓子資料館《きょうがししりょうかん》 —— P.6／地図②-A-1

京都市上京区烏丸通上立売上ル
☎ 075-432-3101
営業時間　10：00～17：00
休み　水曜
料金　無料
URL　www.kyogashi.co.jp/shiryokan/
アクセス：地下鉄烏丸線「今出川」駅もしくはバス停「烏丸今出川」（市201、203系統）が最寄り。
◉俵屋吉富 烏丸店の2階が資料館。1階の呈茶席「祥雲軒」では、隣接する工場で作ったばかりの季節の京菓子を用意。お抹茶とセットで¥500。

伊藤まさこ

1970年、神奈川県横浜市生まれ。文化服装学院でデザインと洋裁を学ぶ。その後、料理や雑貨など暮らしまわりのスタイリストとして、数々の料理本、雑誌等で活躍。作ることを楽しみ、手間を惜しまない、センスのいい丁寧な暮らしぶりが多くの女性たちの共感を呼び、最近はスタイリストの仕事だけでなく、好きなこと、楽しいこと、興味のあることへと、仕事の幅を広げている。『東京てくてくすたこら散歩』(文藝春秋)、『まいにち、まいにち、』(PHP研究所)、『フランスのおいしい休日』(集英社)、『母のレシピノートから』(講談社)など、多数の著書がある。

本書は、「クレア・トラベラー」(2008年2月号〜10月号)の連載に追加取材のうえ、大幅に加筆・修正しました。

ブックデザイン —— 渡部浩美
写真 ———————— 杉山秀樹
地図 ———————— 尾黒ケンジ

京都《きょうと》てくてくはんなり散歩《さんぽ》

2008年10月30日　第1刷発行
2008年11月15日　第2刷発行

著　者　伊藤《いとう》まさこ
発行者　木俣正剛
発行所　株式会社　文藝春秋
〒102-8008　東京都千代田区紀尾井町3-23
電話(03) 3265-1211
印刷所　光邦
製本所　大口製本

万一、落丁・乱丁の場合は送料小社負担でお取り替えいたします。
小社製作部宛、お送りください。定価はカバーに表示してあります。

ISBN 978-4-16-370700-6